Langenscheidts Kurzgrammatik Englisch

Völlige Neubearbeitung

von Dr. Sonia Brough

Langenscheidt
Berlin · München · Wien · Zürich · New York

Auflage:	4.	3.	2.	Letzte Zahlen
Jahr:	03	02	01	maßgeblich

© 2000 by Langenscheidt KG, Berlin und München
Druck: Druckhaus Langenscheidt, Berlin
Printed in Germany
ISBN 3-468-35121-6

Inhaltsverzeichnis

Lautschrift		4
1	**Die Artikel**	5
1.1	Der bestimmte Artikel	5
1.2	Der unbestimmte Artikel	7
2	**Das Substantiv**	10
2.1	Großschreibung der Substantive	10
2.2	Das grammatische Geschlecht der Substantive	10
2.3	Der Plural	11
2.4	Der Genitiv	15
3	**Die Pronomen**	16
3.1	Die Personalpronomen	16
3.2	Die Possessivpronomen	17
3.3	Die Reflexivpronomen	18
3.4	Die Demonstrativpronomen	19
4	**Das Adjektiv**	20
4.1	Die Form des Adjektivs	20
4.2	Die Steigerung des Adjektivs	20
4.3	Der Vergleich	21
4.4	Substantivierte Adjektive	22
4.5	Das Stützwort *one*	23
5	**Das Adverb**	24
5.1	Die Bildung der Adverbien auf *-ly*	24
5.2	Die Steigerung der Adverbien	26
5.3	Der Vergleich	27
6	**Die Wortstellung**	28
6.1	Die Wortstellung bei Adverbien	28
6.2	Inversion	30
7	**Frageform und Verneinung**	31
7.1	Die Frageform	31
7.2	Die Verneinung	32
7.3	Die verneinte Frage	32
7.4	Kurzantworten	33
7.5	Frageanhängsel	33
8	**Das Verb**	34
8.1	Die Gegenwart: einfache Form und *-ing*-Form	34
8.2	Die Vergangenheit: einfache Form und *-ing*-Form	38
8.3	Einfache Vergangenheit und Present Perfect	40
8.4	Die Zukunftsformen	43
8.5	Das Passiv	46
8.6	Das Partizip	48
8.7	Die indirekte Rede	51
8.8	Die *if*-Sätze	56
8.9	Die unvollständigen Hilfsverben	58
8.10	Die *ing*-Form als Gerundium und der Infinitiv	62
9	**Die Relativpronomen, unbestimmten Pronomen und Fragewörter**	68
9.1	Die Relativpronomen	68
9.2	Die unbestimmten Pronomen	70
9.3	Die Fragewörter	73
10	**Zahlen**	74
10.1	Grundzahlen	74
10.2	Zeichen und Schriftbild	74
10.3	Ordnungszahlen	75
11	**Die wichtigsten unregelmäßigen Verben**	76
	Die grammatischen Fachausdrücke und ihre deutschen und englischen Entsprechungen	78
	Register	80

Lautschrift
Kurze Übersicht über die Zeichen der Lautschrift
(der International Phonetic Association)

Vokale:
[iː, e, ɑː, uː]			sind wie im Deutschen auszusprechen
[æ]	have	[hæv]	offener kurzer a-Laut, wie in *Quatsch*
[ɒ]	off	[ɒf]	kurzes, offenes o wie etwa in *Sonne*
[ɔː]	for	[fɔː]	langes, offenes o wie in *Lord*
[ʌ]	come	[kʌm]	dumpfer a-Laut wie etwa in *Katze*
[ə]	about	[əˈbaʊt]	kurzes, abklingendes e wie etwa in *Liebe*
[ɜː]	bird	[bɜːd]	langer, offener ö-Laut wie etwa in *Mörder*

Diphthonge:
[eɪ, əʊ, aɪ, ɔɪ, ɪə, ʊə]			sind genau nach dem Wert der einzelnen Laute auszusprechen ([eɪ] nicht mit [aɪ] verwechseln)
[eə]	where	[weə]	langes ä wie in *Krähe* mit abklingendem e

Konsonanten:
[ŋ]	wrong	[rɔŋ]	ähnlich dem deutschen ng in *Finger*
[r]	rain	[reɪn]	vor Vokalen mit nach oben gebogener Zungenspitze, ohne dass diese den Gaumen berührt, zu sprechen
	bird	[bɜːd]	vor Konsonanten wird es *nicht* ausgesprochen
	poor	[pʊə]	im Auslaut wird es meist zu abklingendem e = [ə]
[θ]	theory	[ˈθɪərɪ]	stimmloser Zahnlaut; Zungenspitze leicht zwischen obere und untere Schneidezähne drücken
[ð]	then	[ðen]	stimmhafter Zahnlaut; Zungenspitze leicht gegen die oberen Schneidezähne drücken
[f]	fact	[fækt]	stimmloses f wie in *fast*
[v]	every	[ˈevrɪ]	stimmhafter Laut fast wie deutsches w in *Wasser*
[w]	wet	[wet]	stimmhaft; u-ähnlich mit größtmöglicher Lippenrundung zu sprechen
[s]	salt	[sɔːlt]	stimmloses (hartes) s wie in *Gruß*
[z]	as	[æz]	stimmhaftes (weiches) s wie in *Gesang*
[ʃ]	short	[ʃɔːt]	stimmloses (hartes) sch wie in *Schulter*
[ʒ]	measure	[ˈmeʒə]	stimmhaftes (weiches) sch wie in *Gelee*

Nicht aufgeführte Lautschriftzeichen sind wie im Deutschen zu sprechen. [ː] nach einem Lautzeichen bedeutet Dehnung. In mehrsilbigen Wörtern steht vor der **betonten** Silbe das Zeichen [ˈ].

1 Die Artikel

1.1 Der bestimmte Artikel

Der bestimmte Artikel im Englischen heißt **the**, egal, ob das Substantiv im Deutschen männlich, weiblich oder sächlich ist oder im Plural steht:

the woman	*die Frau*	**the** child	*das Kind*
the boy	*der Junge*	**the** cars	*die Autos*

- Vor Wörtern, die in der Aussprache mit einem Konsonanten (**d,f,s,v** usw.) anfangen, wird **the** [ðə] ausgesprochen.

- Vor Wörtern, die in der Aussprache mit einem Vokal (**a,e,i,o,u**) anfangen, wird **the** [ðiː] ausgesprochen. Diese Aussprache wird auch zur Betonung verwendet.

1.1.1 Der Gebrauch des bestimmten Artikels

Generell stehen abstrakte Begriffe im allgemeinen Sinn ohne **the**:

anger	*der Zorn*	**luck**	*das Glück*
fear	*die Furcht*	**man**	*der Mensch*
happiness	*das Glück*	**politics**	*die Politik*
hate	*der Hass*	**society**	*die Gesellschaft*
love	*die Liebe*	**work**	*die Arbeit* usw.

Fear is a negative emotion. *Die Angst ist eine negative Emotion.*

What's the secret of true **happiness**? *Was ist das Geheimnis des wahren Glücks?*

Wenn abstrakte Begriffe wie **hate, luck** usw. jedoch durch einen nachfolgenden Zusatz näher erläutert werden, verwendet man **the**:

His book is about **the fear of spiders**. *Das Thema seines Buchs ist die Angst vor Spinnen.*

I can't describe **the happiness I felt**. *Das Glück, das ich gespürt habe, kann ich gar nicht beschreiben.*

Wörter wie die folgenden werden ohne **the** gebraucht, wenn sie als Institution oder Einrichtung angesehen werden bzw. wenn ihre Funktion im Vordergrund steht. Nur wenn man sich das konkrete Gebäude bzw. den Gegenstand vorstellt, verwendet man **the**:

1 Der Artikel

school	Schule	**hospital**	Krankenhaus
college	College	**court**	Gericht
university	Universität	**prison**	Gefängnis
church	Kirche	**bed**	Bett

He's been **in hospital** for a week. — *Er ist seit einer Woche im Krankenhaus.*

There was a bomb scare **at the hospital** this morning. — *Heute Morgen gab es im Krankenhaus einen Bombenalarm.*

- Namen von einzelnen Personen sowie Verwandschaftsbezeichnungen stehen ohne **the.** Dies gilt auch, wenn ein Adjektiv oder Titel davor steht:

    Dad, Grandma, Peter, Dr Brown, poor Sally usw.

In der Mehrzahl verwendet man wie im Deutschen den bestimmten Artikel:

the Smedleys, the Johnsons usw.

- Namen von Ländern, Straßen, Gebäuden, Bergen, Seen usw. stehen in der Regel ohne **the:**

Turkey	die Türkei	**Windsor Castle**	das Schloss Windsor
Switzerland	die Schweiz	**Lake Geneva**	der Genfer See
Mount Fuji	der Fudschijama	**Dunstan Road**	die Dunstan Road
K2	der K2	**Times Square**	der Times Square

- Bei Namen in der Mehrzahl verhält es sich wie im Deutschen:

    the Alps *die Alpen*   **the Balearics** *die Balearen*

- Monate sowie Wochen- und Festtage stehen als allgemeine Zeitangaben ohne **the:**

    on Monday *am Montag*   **in September** *im September*

Bei näherer Definition wird jedoch **the** verwendet:

on the Saturday of the wedding — *am Samstag der Hochzeit*
the Easter that we spent in Bonn — *das Osterfest, das wir in Bonn verbrachten*

- Die Namen von Mahlzeiten stehen in der Regel ohne **the,** es sei denn, es gibt eine nähere Definition:

    Dinner is at eight.   *Das Abendessen ist um acht.*

Der Artikel

aber:

> **The dinner he served** was awful.   *Das Abendessen, das er servierte, war grauenhaft.*

- Verbindungen aus **by** + Verkehrsmittel stehen ohne **the:**

> **by car, by bus, by train**   *mit dem Auto, mit dem Bus, mit dem Zug*
> **by bike/bicycle, by motorbike**   *mit dem Fahrrad, mit dem Motorrad*

1.1.2 Die Stellung des bestimmten Artikels
The steht hinter **half, double, twice** und **all:**

half the time	*die halbe Zeit*
double the price	*der doppelte Preis*
twice the distance	*die doppelte Entfernung*
all the time	*die ganze Zeit*

Gelegentlich erscheint **the** hinter **both,** jedoch nie davor:

> **both boys** bzw. **both the boys**   *die beiden Jungs*

Most erscheint bei allgemeinen Aussagen ohne **the:**

> **Most people** don't know about it.   *Die meisten Leute wissen es nicht.*

Most of the + Substantiv wird verwendet, wenn es sich um die Mehrheit einer bestimmten Gruppe handelt:

> **Most of the apples** were rotten.   *Die meisten Äpfel waren faul.*

1.2 Der unbestimmte Artikel
- Der unbestimmte Artikel **a** steht vor Wörtern, die in der Aussprache mit einem Konsonanten (**g,m,p,s** usw.) anfangen. Dies gilt also auch für Wörter wie **union** ['juːnjən], **university** [ˌjuːnɪ'vɜːsətɪ] usw.

- Vor Wörtern, die in der Aussprache mit einem Vokal (**a,e,i,o,u**) anfangen, steht der unbestimmte Artikel **an.** Dies gilt also auch für ein unausgesprochenes **h**, wie z. B. in **hour** ['aʊə].

a baby	*ein Baby*		**an a**irport	*ein Flughafen*
a policeman	*ein Polizist*		**an e**lephant	*ein Elefant*
a useful tip	*ein nützlicher Tip*		**an h**our	*eine Stunde*

1 Der Artikel

1.2.1 Der Gebrauch des unbestimmten Artikels

Im Gegensatz zum Deutschen steht der unbestimmte Artikel **a/an** bei Angaben zu **Beruf, Nationalität, Religion und allgemeiner Gruppenzugehörigkeit:**

I'm **a** Methodist.	*Ich bin Methodist.*
She's **an** opera singer.	*Sie ist Opernsängerin.*
He's **a** Canadian.	*Er ist Kanadier.*

Bei Angaben zu **Preis, Geschwindigkeit, Häufigkeit o. ä.** verwendet man **a/an** für das deutsche „pro/je", „im/in der ..." usw.

Calls cost 8 pence **a** minute.	*Telefonate kosten 8 Pence pro Minute.*
I have to take this medicine five times **a** day.	*Ich muss diese Medizin fünfmal am Tag einnehmen.*

Vor **hundred** und **thousand** steht der unbestimmte Artikel **a** bzw., zur Betonung, **one.**

Only **a hundred** and twenty days to go.	*Nur noch hundertzwanzig Tage.*
A millennium is **a thousand** years.	*Ein „Millennium" umfasst tausend Jahre.*

A/an wird nicht bei **information** („Information", „Informationen"), **advice** („Ratschlag", „Ratschläge"), **news** („Nachricht", „Nachrichten") sowie **hand luggage** („Handgepäck") verwendet.

Stattdessen verwendet man **some** bzw. in Fragen und in der Verneinung **any** oder auch gar nichts. Wenn man betonen will, dass es sich um eine Information usw. handelt, kann man auch **a/one piece of** voranstellen:

He's got **news** for us.	*Er hat eine Nachricht für uns.*
I've just got **one piece of hand luggage.**	*Ich habe nur ein Handgepäck.*
Have you got **any advice?**	*Können Sie mir einen Ratschlag geben?*

Der Artikel

Vor Wörtern wie den folgenden wird der unbestimmte Artikel **a/an** nicht verwendet. Stattdessen sagt man **some/any, a pair of** bzw. auch gar nichts.

(a pair of) trousers	*eine Hose*
(a pair of) jeans	*(eine) Jeans*
(a pair of) shorts	*(eine) Shorts*
(a pair of) pyjamas	*ein Schlafanzug*
(a pair of) pants	*eine Unterhose, Am. eine Hose*
(a pair of) swimming trunks	*eine Badehose*
(a pair of) glasses	*eine Brille*
(a pair of) binoculars	*ein Fernglas*
(a pair of) scissors	*eine Schere*
(a pair of) scales	*eine Waage*

Der unbestimmte Artikel steht, im Gegensatz zum Deutschen, hinter **half** und **quite** und wahlweise vor oder hinter **rather:**

It weighs **half a kilo.**
They made **quite a noise.**

She's **rather a nice / a rather nice** teacher.

Es wiegt ein halbes Kilo.
Sie machten einen ziemlichen Krach.
Sie ist eine ziemlich nette Lehrerin.

2 Das Substantiv

2.1 Großschreibung der Substantive

In der Regel wird das englische Substantiv kleingeschrieben, jedoch gibt es folgende Ausnahmen:

- Eigennamen, Anreden, Titel: **Fred, Mrs Tandy, Inspector Morse**

- Völkernamen und Sprachen: **the Chinese, the Irish, the Germans; French, Thai, Greek**

- Orts- und Ländernamen: **Moscow, Florida, Spain**

- Wochentage und Monate: **Thursday; April**

- Feste und Feiertage: **Christmas, New Year's Eve, Thanksgiving Day**

- Religiöse Bezeichnungen: **Buddhism, Christianity, Judaism; Hindu, Muslim, Protestant**

- Historische Bezeichnungen: **the Boer War, the Maastricht Treaty**

- Organisationen und Institutionen: **the Wine Society, the Royal Air Force**

- Buch-, Film- und Musiktitel, Kunstwerke usw.: **The Little Prince, Haydn's Clock Symphony, The Laughing Cavalier**

- Schul- und Studienfächer (manchmal auch kleingeschrieben): **Maths, Geography, History, Biology, Medicine, Media Studies**

Die englische Entsprechung von „ich" – **I** – wird ebenfalls großgeschrieben.

2.2 Das grammatische Geschlecht der Substantive

Unbelebte Substantive sind generell geschlechtsneutral.

Bei **Berufsbezeichnungen u. dergl.** werden bei Frauen allgemein nur zur Hervorhebung oder um Missverständnisse zu vermeiden **woman, female** bzw. **lady** vorangestellt, wobei der Gebrauch von **female** und **woman** eher sachlich ist, während **lady** besonders höflich klingt.

(female) politician	*Politikerin*	**(female/lady) doctor**	*Ärztin*
(female) student	*Studentin*	**(woman/female) teacher**	*Lehrerin*

Das Substantiv

Bei Berufen, die früher fast ausschließlich von Frauen ausgeübt wurden, setzt man bei der männlichen Bezeichnung manchmal **male** voran, um Missverständnisse zu vermeiden:

model	*Mannequin*	**(male) model**	*Dressman*
nurse	*Krankenschwester*	**(male) nurse**	*Krankenpfleger*
midwife	*Geburtshelferin*	**(male) midwife**	*Geburtshelfer*

Bei einigen Substantiven wird noch streng zwischen männlich und weiblich unterschieden:

boyfriend	*Freund*	**girlfriend**	*Freundin*
prince	*Prinz*	**princess**	*Prinzessin*

Bei anderen gibt es zwar eine männliche und weibliche Form, jedoch wird die „neutrale" Form zunehmend auch für Frauen verwendet:

actor	*Schauspieler(in)*	**actress**	*Schauspielerin*
waiter	*Kellner(in)*	**waitress**	*Kellnerin*
host	*Gastgeber(in)*	**hostess**	*Gastgeberin*
manager	*Manager(in)*	**manageress**	*Managerin*

2.3 Der Plural

2.3.1 Die Bildung des Plurals

In den meisten Fällen wird der Plural eines Substantivs durch Anhängen von **-s** an den Singular gebildet:

letter	*Brief*	**letters**	*Briefe*
house	*Haus*	**houses**	*Häuser*

Bei Substantiven auf **-s, -ss, -sh, -ch** bzw. **-x** bildet man den Plural durch Anhängen von **-es** an den Singular:

bus	*Bus*	**buses**	*Busse*
boss	*Chef*	**bosses**	*Chefs*
dish	*Teller*	**dishes**	*Teller*
witch	*Hexe*	**witches**	*Hexen*
fax	*Fax*	**faxes**	*Faxe*

Bei Substantiven, die mit einem **-y** nach einem Konsonanten (**d,g,s** usw.) enden, wird das **-y** im Plural zu **-ies**:

2 Das Substantiv

| baby | Baby | babies | Babys |
| fly | Fliege | flies | Fliegen |

Erscheint ein **-y** am Ende nach einem Vokal **(a,e,i,o,u)**, wird einfach ein **-s** angehängt:

| boy | Junge | boys | Jungen |
| day | Tag | days | Tage |

2.3.2 Unregelmäßige Pluralformen

- Bei Substantiven, die auf **-f** bzw. **-fe** enden, wird aus dem **-f/-fe** im Plural **-ves**:

  wife – wives, knife – knives, loaf – loaves, life – lives usw.

  Ausnahmen: **roof – roofs, handkerchief – handkerchiefs**

- Manche solcher Wörter können den Plural sowohl mit **-ves** als auch durch Anhängen von **-s** bilden:

  scarf – scarves/scarfs, dwarf – dwarves/dwarfs, hoof – hooves/hoofs

- Viele Substantive, die auf **-o** enden, bilden den Plural auf **-oes**:

  tomato – tomatoes, potato – potatoes, hero – heroes

- Andere bilden ihren Plural einfach durch Anhängen von **-s**:

  Kurzformen wie **photo – photos, kilo – kilos**
  Völkernamen wie **Eskimo – Eskimos, Navajo – Navajos, Filipino – Filipinos**
  Fremdwörter wie **macho – machos, piano – pianos, fiasco – fiascos**
  Wörter, die auf **-eo** bzw. **-io** enden, z. B. **studio – studios, video – videos**

- Bei einigen Substantiven auf **-o** sind beide Pluralformen (**-oes** oder **-os**) möglich:

  mango, mosquito, tornado, volcano, zero, motto, buffalo, yoyo usw.

- Das Substantiv **man** lautet im Plural **men**, auch bei Zusammensetzungen:

  Dutchman – Dutchmen, Scotsman – Scotsmen, chairman – chairmen

- Ähnlich auch bei **woman – women** ['wımın]

  Ausnahmen: **Norman – Normans, Roman – Romans**

Das Substantiv

Folgende Wörter haben ganz unregelmäßige Pluralformen:

child – children, foot – feet, goose – geese, tooth – teeth, mouse – mice, louse – lice

- Folgende Wörter haben im Plural dieselbe Form wie im Singular:

sheep – sheep, deer – deer, fish – fish, salmon – salmon, trout – trout
(sowie andere Arten von Fisch)

Die Pluralform **fishes** gibt es auch, besonders wenn es um verschiedene Fischarten geht.

- Gleiches gilt auch für Nationalitätsbezeichnungen auf **-ese** oder **-ss:**

Swiss – Swiss, Chinese – Chinese, Japanese – Japanese

- Bei einigen **Zusammensetzungen,** besonders solchen mit **Substantiv plus Präposition,** erhält das erste Element die Pluralendung. Dazu zählen:

mother-in-law – mothers-in-law usw., **passerby – passersby**

- Bei einigen erhalten beide Elemente Pluralendungen:

woman driver – women drivers, woman priest – women priests

2.3.3 Der Gebrauch des Plurals

Dinge, die aus zwei gleichen Teilen bestehen, stehen immer im Plural.

trousers	*Hose*	**glasses**	*Brille*
jeans	*Jeans*	**spectacles**	*Brille*
pyjamas	*Pyjama*	**binoculars**	*Fernglas*
pants	*Unterhose, Am. Hose*	**dentures**	*Gebiss*
briefs	*Slip*	**scissors**	*Schere*
swimming trunks	*Badehose*	**pliers**	*(Kombi)Zange*
tights	*Strumpfhose*		

Gleiches gilt für folgende Wörter:

clothes	*Kleidung*	**headquarters**	*Zentrale*
thanks	*Dank*	**outskirts**	*Stadtrand*
congratulations	*Glückwunsch*	**goods**	*Güter, Waren*
Middle Ages	*Mittelalter*	**looks**	*Aussehen*

2 Das Substantiv

Diese Wörter erscheinen alle mit der Pluralform des Verbs. **Headquarters** findet man allerdings auch mit einem Verb im Singular.

Police („Polizei") wird trotz seiner Singularform als Plural aufgefasst.

Folgende Wörter stehen nie im Plural und werden immer mit dem Verb im Singular verbunden:

information	*Information(en)*	**news**	*Nachricht(en)*
advice	*Ratschlag, Ratschläge*	**progress**	*Fortschritt(e)*
knowledge	*Wissen, Kenntnis(se)*	**furniture**	*Möbel*

Viele Gruppenbezeichnungen werden als Singular oder als Plural betrachtet, je nachdem, ob man sich die Gruppe als geschlossene Einheit vorstellt (Singular) oder an die einzelnen Mitglieder denkt (Plural):

class	*Klasse*	**crowd**	*Menge*
company	*Firma*	**army**	*Armee*
crew	*Crew, Besatzung*	**public**	*Öffentlichkeit*
team	*Team*	**staff**	*Personal*
party	*Partei*	**family**	*Familie*
audience	*Zuschauer, -hörer*	**orchestra**	*Orchester*

Substantive auf **-ics** werden als Singular angesehen, wenn sie ein **Schul- bzw. Studierfach** oder einen **Wissenschaftsbereich** bezeichnen:

acoustics	*Akustik*	**maths,**	
statistics	*Statistik*	**mathematics**	*Mathematik*
linguistics	*Linguistik*	**physics**	*Physik*
economics	*Wirtschaftswissenschaft*	**athletics**	*Athletik*
politics	*Politik*	**gymnastics**	*Gymnastik*

Manche von ihnen, wie **economics, politics, acoustics, statistics,** werden als Plural gebraucht, wenn sie nicht als Fachbezeichnung verwendet werden:

> The acoustics in this church **are** not very good.

> *Die Akustik in dieser Kirche ist nicht sehr gut.*

Das Substantiv

2.4 Der Genitiv
Bildung des Genitivs:

- Bei Menschen und Tieren im Singular fügt man ein **-'s** an das Substantiv an:

  the man's car, our dog's puppies, Simon's room

- Endet das Wort bereits mit **-s,** fügt man ebenfalls ein **-'s** bzw. einen einfachen Apostroph (**-'**) hinzu:

  Mr Aldiss's house / Mr Aldiss' house

- Bei Menschen und Tieren im Plural wird bei regelmäßigen Pluralformen ein Apostroph angehängt:

  the boys' socks, my parents' records

- Bei unregelmäßigen Pluralformen wird ein **-'s** angehängt:

  the children's pets, women's clothes, the mice's diet

- Bei Dingen setzt man meistens **of the** voran:

  the end of the journey, at the top of the cupboard

2.4.1 Der Gebrauch des Genitivs
Bei manchen Dingen ist neben dem **of-**Genitiv auch der **s-**Genitiv möglich. Diese Form ist besonders bei **Orts- und Ländernamen** sowie bei **Zeitangaben wie today, yesterday, tomorrow, last week** usw. gebräuchlich:

Bordeaux's wine estates are world famous.	*Die Weingüter von Bordeaux sind weltberühmt.*
Tomorrow's match is going to be very exciting.	*Das morgige Spiel wird sehr spannend werden.*
Teachers' pay is not very high.	*Das Gehalt der Lehrer ist nicht sehr hoch.*

Der **s-**Genitiv wird bei Zeitangaben verwendet, wenn ein Substantiv folgt:

in a week's time	*in einer Woche*
an hour's delay	*eine einstündige Verspätung*
a minute's silence	*eine Schweigeminute*
a day's work	*eine Tagesarbeit* usw.

3 Die Pronomen

3.1 Die Personalpronomen

Die englischen Personalpronomen können als Subjekt oder Objekt gebraucht werden:

Subjekt		Objekt	
I	ich	me	mich
you	du; Sie	you	dich/dir; Sie/Ihnen
he	er	him	ihn/ihm
she	sie	her	sie/ihr
it	es; er; sie	it	es/ihm; ihn/ihm; sie/ihr
we	wir	us	uns
you	ihr; Sie	you	euch; Sie/Ihnen
they	sie (Plural)	them	sie/ihnen (Plural)

- Neben den Menschen unterscheidet man bei **Haustieren** sowie bei **Tieren**, zu denen man eine emotionale Beziehung hat bzw. bei denen man den Geschlechtsunterschied betonen möchte, nach dem Geschlecht **(he/she)**.

- Bei Tieren, die sachlich betrachtet werden und bei denen der Geschlechtsunterschied nicht relevant ist, verwendet man **it**.

- **Dinge und Begriffe** sind normalerweise sachlich. Autos, Boote und Schiffe werden gelegentlich als weiblich angesehen.

> – What's your rabbit's name? *Wie heißt dein Kaninchen?*
> – **She**'s called Fluffy. *Sie heißt Fluffy.*
> You don't have to kill the spider – *Du musst die Spinne nicht töten;*
> just put **it** outside. *setz sie einfach raus.*

Bei bestimmten Verben können die Präpositionen **to** und **for** in Verbindung mit einem Personalpronomen entfallen. In diesem Fall folgt das Pronomen unmittelbar auf das Verb.

Zu solchen Verben in Verbindung mit **to** zählen z. B.:

> **bring, give, hand, lend, offer, owe, pass, promise, sell, send, show, teach, tell, write**

Zu den Verben mit **for** zählen z. B.:

> **buy, cook, fetch, find, get, leave, make, save**

Die Pronomen

We gave the plant **to them**. — *Wir gaben ihnen die Pflanze.*
We gave **them** the plant.
She saved a few bottles **for me**. — *Sie hob mir einige Flaschen auf.*
She saved **me** a few bottles.

Wenn beide Objekte Pronomen sind, gibt es folgende Möglichkeiten bei der Wortstellung:

We gave **it to them**. — *Wir gaben sie ihnen.*
We gave **them it**.
She saved **them for me**. — *Sie hat sie mir aufgehoben.*
She saved **me them**.

3.2 Die Possessivpronomen

3.2.1 Die adjektivischen Possessivpronomen

Die adjektivischen Possessivpronomen sind im Englischen unveränderlich:

my	*mein(e, -es, -er* usw.)
your	*dein* usw.; *Ihr* usw.
his	*sein* usw.
her	*ihr* usw.
its	*sein* usw.; *ihr* usw.
our	*unser* usw.
your	*euer* usw.; *Ihr* usw.
their	*ihr* (Plural) usw.

3.2.2 one's

Das adjektivische Possessivpronomen zu **one** („man") heißt **one's** und erscheint immer mit einem Apostroph:

One has to look after **one's** health in old age. — *Man muss im Alter auf seine Gesundheit aufpassen.*

3.2.3 Die substantivischen Possessivpronomen

Die substantivischen Possessivpronomen ersetzen Possessivpronomen + Substantiv (z. B. **his wife**). Mit Ausnahme von **mine** und **his** werden sie durch Anhängen von **–s** an des Possessivpronomen gebildet:

mine	*mein(e)s, meine(r) usw.*
yours	*dein(e)s usw.; Ihre(s) usw.*
his	*sein(e)s usw.*
hers	*ihr(e)s usw.*
its	*sein(e)s usw.; ihr(e)s usw.*
ours	*uns(e)res usw.*
yours	*eu(e)res usw.; Ihr(e)s usw.*
theirs	*ihr(e)s (Plural) usw.*

That's her house, this is **ours**.   *Das ist ihr Haus, dieses ist unseres.*

3.3 Die Reflexivpronomen

Die Reflexivpronomen entsprechen dem deutschen „mich/mir", „dich/dir" usw.:

I could cut **myself.**	Ich könnte mich schneiden.
You could cut **yourself.**	Du könntest dich / Sie könnten sich schneiden.
He could cut **himself.**	Er könnte sich schneiden.
She could cut **herself.**	Sie könnte sich schneiden.
It could cut **itself.**	Es/Er/Sie könnte sich schneiden.
We could cut **ourselves.**	Wir könnten uns schneiden.
You could cut **yourselves.**	Ihr könntet euch / Sie könnten sich schneiden.
They could cut **themselves.**	Sie könnten sich schneiden.

3.3.1 Der Gebrauch der Reflexivpronomen

Einige englische Verben haben im Gegensatz zu ihren deutschen Entsprechungen kein Reflexivpronomen. Dazu gehören:

concentrate	*sich konzentrieren*
meet	*sich treffen*
move	*sich bewegen*
remember	*sich erinnern*
hurry (up)	*sich beeilen*
dress / get dressed	*sich anziehen*
change / get changed	*sich umziehen*
wash / get washed	*sich waschen*
get ready	*sich fertig machen*
be interested in	*sich interessieren für*
look forward to	*sich freuen auf*

Die Pronomen

3.3.2 each other / one another
Wenn man dem deutschen Reflexivpronomen „sich" usw. das Wort „gegenseitig" bzw. „einander", „miteinander", „voneinander" o. ä. hinzufügen kann, nimmt man im Englischen **each other** (bei zwei Handelnden) bzw. **one another** (bei zwei oder mehr Handelnden):

> Why do they have to shout at **each other**?
> All the villagers helped **one another** during the floods.

> *Warum müssen sie sich gegenseitig anschreien?*
> *Alle Dorfbewohner halfen einander während des Hochwassers.*

3.3.3 sich = me, him, us usw.
Nach Ortspräpositionen erscheinen im Englischen meistens die persönlichen Pronomen **me, her, them** usw.

> He hasn't got any money **on him**.
> She hid the briefcase **behind her**.

> *Er hat kein Geld bei sich.*
> *Sie versteckte die Aktentasche hinter sich.*

3.4 Die Demonstrativpronomen
- **This** (Singular) und **these** (Plural) deuten meistens auf etwas Näherliegendes, auch im zeitlichen Sinn.

- **That** (Singular) und **those** (Plural) deuten oft auf etwas Fernerliegendes, auch im zeitlichen Sinn.

Die Wahl zwischen **this/these** und **that/those** ist jedoch häufig sehr subjektiv:

> Is **this** his desk?
> What are **these** glasses doing here?
> **That**'s my school.
> Did you water **those** plants on the window-ledge?

> *Ist das (hier) sein Schreibtisch?*
> *Was haben diese Gläser hier zu suchen?*
> *Das ist meine Schule.*
> *Hast du die Pflanzen dort auf dem Fensterbrett gegossen?*

That bzw. **those** können auch verwendet werden, um eine Aussage emotional zu verstärken:

> I hate **those** jeans!
> You should be much stricter with **that** boy!

> *Ich kann diese Jeans nicht leiden!*
> *Du solltest mit diesem Burschen viel strenger umgehen!*

4 Das Adjektiv

4.1 Die Form des Adjektivs
Im Englischen bleibt das Adjektiv in seiner Grundform immer gleich, egal, ob es sich auf Mann oder Frau, auf Einzahl oder Mehrzahl bezieht:

a **nice** boy	*ein netter Junge*
a **nice** girl	*ein nettes Mädchen*
a **nice** family	*eine nette Familie*
nice children	*nette Kinder*

4.2 Die Steigerung der Adjektive
Einsilbige Adjektive werden mit **-er/-est** gesteigert:

Grundform		Komparativ	Superlativ
long		long**er**	long**est**
lang(e,-er,-es)		*länger(e,-er,-es)*	*längste(r,-s) / am längsten*
clean	*sauber*	clean**er**	clean**est**

- Ein einzelner Endkonsonant nach einem kurzen Vokal wird verdoppelt:

big	*groß*	big**ger**	big**gest**
fat	*dick*	fat**ter**	fat**test**

- An ein stummes End-**e** wird **-r/-st** hinzugefügt.

close	*nah*	close**r**	close**st**

Zweisilbige Adjektive auf **-er, -le, -ow** oder **-y** werden ebenfalls mit **-er/-est** gesteigert. Ein End-**y** wird zu **-i-**:

Grundform		Komparativ	Superlativ
clever	*intelligent*	clever**er**	clever**est**
simple	*einfach*	simpl**er**	simpl**est**
hollow	*hohl*	hollow**er**	hollow**est**
funny	*komisch*	funn**ier**	funn**iest**

Ausnahme:

eager	*eifrig*	**more** eager	**most** eager

Das Adjektiv

Die anderen mehrsilbigen Adjektive werden auch mit **more/most** gesteigert:

Grundform		Komparativ	Superlativ
helpful	*hilfreich*	**more** helpful	**most** helpful
impatient	*ungeduldig*	**more** impatient	**most** impatient
incredible	*unglaublich*	**more** incredible	**most** incredible

Adjektive (auch einsilbige) auf **-ing** oder **-ed** werden ebenfalls mit **more/most** gesteigert:

    charming *reizend*   **more** charming   **most** charming
    bored *gelangweilt*   **more** borec   **most** bored

Manche Adjektive können mit beiden Steigerungsformen erscheinen. Dazu gehören:

handsome („gutaussehend"), **polite** („höflich"), **quiet** („ruhig)", **stupid** („dumm"), **wicked** („böse")

    He's **politer/more polite** than you.   *Er ist höflicher als du.*

Folgende Adjektive werden unregelmäßig gesteigert:

Grundform		Komparativ	Superlativ
bad	*schlecht*	**worse**	**worst**
good	*gut*	**better**	**best**
much	*viel*	**more**	**most**
many	*viele*	**more**	**most**
little	*wenig*	**less**	**least**
little	*klein*	**smaller**	**smallest**
far	*weit*	**further**	**furthest**
		bzw. **farther**	**farthest**

4.3 Der Vergleich

> „so ... wie" = **as ... as**

You're **as** clever **as** your father.   *Du bist so intelligent wie dein Vater.*

Das Adjektiv

> Komparativ + „als" = **than**

She's taller **than** her mother. — *Sie ist größer als ihre Mutter.*

> „je ... desto" = **the + Komparativ ... the + Komparativ**

The fatter he gets, **the more greedy** he gets. — *Je dicker er wird, desto gieriger wird er.*

> „immer -er" = **-er and -er / more and more ...**

His beard is growing **longer and longer.** — *Sein Bart wird immer länger.*
The story is becoming **more and more exciting.** — *Die Geschichte wird immer spannender.*

> „weniger" + Adjektiv = **less + Adjektiv**

The exam was **less difficult** than I had expected. — *Die Prüfung war weniger schwierig (= nicht so schwierig), als ich erwartet hatte.*

4.4 Substantivierte Adjektive

Manche Adjektive können als Substantive verwendet werden. Sie erscheinen dann nur in der Mehrzahl, mit **the** und ohne **-s** am Ende.

the rich	*die Reichen*
the poor	*die Armen*
the unemployed	*die Arbeitslosen*
the disabled	*die Behinderten*

Dazu zählen auch viele Nationalitätsbezeichnungen:

the Swiss	*die Schweizer*
the British	*die Briten*
the Chinese	*die Chinesen*
the Dutch	*die Holländer*
the French	*die Franzosen*

Das Adjektiv 4

In der Einzahl muss ein Substantiv wie **boy, girl, man, woman, lady** usw. hinzugefügt werden:

a poor boy, that rich man, a disabled person, a French lady

Einige Adjektive haben sich zu „normalen" Substantiven (mit **-s** in der Mehrzahl) entwickelt:

a conservative	*ein Konservativer/eine Konservative*
a vegetarian	*ein Vegetarier/eine Vegetarierin*
a black	*ein Schwarzer/eine Schwarze*
a white	*ein Weißer/eine Weiße*

Dazu gehören auch einige Nationalitäts- und andere Ursprungsbezeichnungen:

a German	*ein Deutscher/eine Deutsche*
an Austrian	*ein Österreicher/eine Österreicherin*
a Norwegian	*ein Norweger/eine Norwegerin*
a Scot	*ein Schotte/eine Schottin*
an Italian	*ein Italiener/eine Italienerin*
a Venetian	*ein Venezianer/eine Venezianerin*
a Glaswegian	*ein Glasgower/eine Glasgowerin*

4.5 Das Stützwort one

Um ein zählbares Substantiv nicht wiederholen zu müssen, setzt man **one** (Einzahl) bzw. **ones** (Mehrzahl) an seiner Stelle:

This sweater is a bit thin. Have you got a thicker **one?**	*Dieser Pullover ist etwas dünn. Haben Sie einen dickeren?*
– Would you like an olive?	*– Möchten Sie eine Olive?*
– No thanks, I only eat black **ones.**	*– Nein, danke, ich esse nur schwarze.*

5 Das Adverb

Ein Adverb ist ein Wort, das ein Verb, ein Adjektiv, ein anderes Adverb oder einen ganzen Satz näher bestimmt:

He **writes quickly**.	*Er schreibt schnell.*
Her car is **very sporty**.	*Ihr Wagen ist sehr sportlich.*
She hurt herself **quite badly**.	*Sie hat sich ziemlich schwer verletzt.*
Luckily he's a doctor.	*Glücklicherweise ist er Arzt.*

Es gibt zwei Arten von Adverbien: solche, die von Adjektiven abgeleitet sind und auf **-ly** enden (z. B. **quickly, easily**), und ursprüngliche Adverbien wie **always, soon, how, last week** usw.

5.1 Die Bildung der Adverbien auf -ly

Die meisten **abgeleiteten Adverbien** werden durch Anhängen von **-ly** gebildet, wobei es einige Besonderheiten gibt:

- **-le** wird zu **-ly**   simp**le** – simp**ly**

- **-y** wird zu **-ily**   eas**y** – eas**ily**

- **-ic** wird zu **-ically**   automat**ic** – automat**ically**
  (Ausnahme: publ**ic** – publ**icly**

- das stumme **-e** bei folgenden Adjektiven fällt weg:

tru**e**	–	tru**ly**
du**e**	–	du**ly**
whol**e**	–	whol**ly**

- **full** wird zu **fully**

Zeitadjektive auf **-ly** (**daily, weekly, monthly, yearly, hourly** usw.) haben als Adverbien dieselbe Form:

This is my **daily** ration of beer.   *Dies ist meine tägliche Bierration.*
The nurse visits him **daily**.   *Die Schwester besucht ihn täglich.*

Das Adverb 5

Weitere Adjektive und Adverbien, die dieselbe Form und meistens auch die gleiche Bedeutung haben:

Adjektiv		Adverb	
deep		deep	*tief*
early		early	*früh*
far		far	*weit*
fast		fast	*schnell*
hard	*hart, schwer*	hard	*kräftig, fest, schwer*
high		high	*hoch*
late		late	*spät*
long	*lang*	long	*lange*
low		low	*niedrig*
straight	*gerade*	straight	*gerade, direkt*
near		near	*nah*

Manche dieser Adverbien erscheinen auch mit **-ly** am Ende, wobei sie eine andere Bedeutung haben:

deeply	*zutiefst*	**lately**	*in letzter Zeit*
hardly	*kaum*	**nearly**	*fast*
highly	*höchst*		

Auch die Bedeutung folgender Adverbien weicht von der des Adjektivs ab:

barely	*kaum*	**mostly**	*meistens*
fairly	*ziemlich; fair*	**scarcely**	*kaum*
justly	*zu Recht; gerecht*	**shortly**	*gleich, in Kürze*

Manche Adjektive auf **-ly** können keine eigenen Adverbien bilden. Hier muss man einen passenden Ausdruck verwenden:

> She gave me a friendly smile.   *Sie lächelte mir freundlich zu.*
> He gave me a silly look.   *Er guckte mich ganz blöd an.*

Noch eine Besonderheit:

Das Adjektiv zu **good** heißt **well.**

Das Adverb

Einige Wörter haben eine andere Bedeutung, je nachdem, ob sie als Adjektiv oder als Adverb verwendet werden:

Adjektiv		**Adverb**	
just	*gerecht*	**just**	*gerade, eben; nur*
only	*einzige(r,-s) usw.*	**only**	*nur*
pretty	*hübsch*	**pretty**	*ziemlich*
well	*gesund*	**well**	*gut*

5.2 Die Steigerung der Adverbien

- Alle **einsilbigen Adverbien** sowie **early** werden auf **-er/-est** gesteigert.

- Wie bei den Adjektiven wird ein stummes End-**e** mit **-r/-st** gesteigert und ein End-**y** wird zu **-i-**.

Grundform		Komparativ	Superlativ
fast	*schnell*	fast**er**	fast**est**
late	*spät*	lat**er**	lat**est**
early	*früh*	earl**ier**	earl**iest**

Mehrsilbige Adverbien (außer **early**) werden auf **more/most** gesteigert:

Grundform		Komparativ	Superlativ
happily	*glücklich*	**more** happily	**most** happily
regularly	*regelmäßig*	**more** regularly	**most** regularly
often	*oft*	**more** often	**most** often

Folgende Adjektive haben unregelmäßige Steigerungsformen:

Grundform		Komparativ	Superlativ
well	*gut*	better	best
badly	*schlecht*	worse	worst
much	*viel*	more	most
little	*wenig*	less	least
far	*weit*	further/farther	furthest/farthest

5.3 Der Vergleich

- „Als" im Vergleich wird im Englischen durch **than** wiedergegeben:

    She's smaller **than** me.

- „So ... wie" wird mit **as ... as** wiedergegeben:

    He's **as** rich **as** his brother.

- Folgt auf **than** bzw. **as** ein Personalpronomen, erscheint es entweder in der Objektform:

    He's faster **than me/her** usw. / She's as slow **as me/him** usw.

    oder in der Subjektform vor einem Verb oder Hilfsverb:

    She eats more **than I do.** / I was **as** frightened **as he was.**

Nach **Verben der Sinneswahrnehmung** steht in der Regel die Adjektiv- statt der Adverbform (kein **-ly**), wenn diese Verben einen Zustand oder eine Eigenschaft ausdrücken:

feel	*sich anfühlen*	**sound**	*klingen*
look	*aussehen*	**taste**	*schmecken*
smell	*riechen*		

6 Die Wortstellung

Die übliche englische Wortstellung im Satz lautet:

Subjekt	Verb	Objekt
Peter	is peeling	potatoes.
Peter	*schält*	*Kartoffeln.*

6.1 Die Wortstellung bei Adverbien

Adverbien der Art und Weise (antworten auf die Frage „wie?") stehen in der Regel in folgender Position:

- bei transitiven Verben vor dem Hauptverb oder nach dem Objekt (das Adverb steht nie – wie im Deutschen – zwischen dem Verb und dem direkten Objekt)

- bei intransitiven Verben nach dem Verb

> He **hurriedly** finished his tea.   *Er trank eilig seinen Tee aus.*
> She had **hardly** said a word.   *Sie hatte kaum ein Wort gesagt.*
> They shouted her name **loudly**.   *Sie riefen laut ihren Namen.*
> Everyone sat there **quietly**.   *Alle saßen ruhig da.*

Adverbien des Ortes (antworten auf die Frage „wo?"/„wohin?") und **der bestimmten Zeit** (antworten auf die Frage „wann?") stehen meistens in folgender Position:

- am Satzende

- zur Betonung am Satzanfang; Adverbien, die auf die Frage „wohin?" antworten, können diese Stellung jedoch nicht einnehmen

> I'm going **to town**.   *Ich gehe in die Stadt.*
> He's coming **at half past four**.   *Er kommt um halb fünf.*
> **In Spain,** people eat quite late.   *In Spanien isst man relativ spät.*
> **On Monday** we fly to Cannes.   *Am Montag fliegen wir nach Cannes.*

Abgeleitete Adverbien (Adjektiv + **-ly**) sowie **Adverbien der Häufigkeit (always, usually, never** usw.) stehen in der Regel in folgender Position:

- vor dem Vollverb, jedoch

- nach dem Verb **be** bzw. nach dem ersten Hilfsverb

Die Wortstellung

Zur Betonung können diese Adverbien gelegentlich am Satzanfang stehen:

He **usually sleeps** until ten.	*Meistens schläft er bis zehn.*
I**'m always** tired.	*Ich bin immer müde.*
They **had never seen** their father.	*Sie hatten ihren Vater nie gesehen.*
Sometimes he stays indoors all day long.	*Manchmal bleibt er den ganzen Tag drinnen.*

Wenn **Adverbien verschiedener Kategorien** im gleichen Satz auftreten, gilt in der Regel folgende Reihenfolge:

- Art und Weise vor Ort

- Ort vor Zeit (anders als im Deutschen)

- genauere Zeitangaben vor allgemeineren

She **slowly** lifted the teapot **out of the box.**	*Sie hob die Teekanne langsam aus dem Karton.*
I'll be **in the bar at nine.**	*Ich werde um neun in der Bar sein.*
They're getting married **at 10 o'clock on Saturday.**	*Sie heiraten am Samstag um zehn Uhr.*

Adverbien des Grades (z. B. **very, quite, too, extremely, a bit**) haben dieselbe Position wie im Deutschen, wenn sie sich auf Adjektive oder auf andere Adverbien beziehen.

Wenn sich Adverbien des Grades wie **almost, hardly, nearly, just** usw. auf Verben beziehen, gilt die Mittelstellung.

Our teacher is **too strict.**	*Unsere Lehrerin ist zu streng.*
I **almost fell** off the ladder.	*Ich bin fast von der Leiter gefallen.*
The match **had hardly started** when there was a heavy shower.	*Kaum hatte das Spiel begonnen, als es einen schweren Platzregen gab.*

6 Die Wortstellung

6.2 Inversion

In folgenden Fällen werden Verb und Subjekt umgestellt:

- nach **so** und **neither/nor** am Satzanfang im Sinne von „auch" bzw. „auch nicht"

- nach bestimmten Adverbien am Satzanfang, darunter:

never	*nie*
not only	*nicht nur*
only then	*erst dann*
no sooner + Umstellung ... **than**	*kaum ..., als*
scarcely + Umstellung ... **when**	*kaum ..., als*
rarely, seldom	*selten*

I like it. – **So do I.**
I can't read. – **Neither can I.**

No sooner had I put the phone down **than** the doorbell rang.
Rarely had he seen such a fine specimen.

Mir gefällt's. – Mir auch.
Ich kann nicht lesen. – Ich auch nicht.

Kaum hatte ich den Hörer aufgelegt, als es an der Tür läutete.
Selten hatte er ein solch schönes Exemplar gesehen.

7 Frageform und Verneinung

7.1 Die Frageform

Fragesätze mit **be** sowie den Hilfsverben **have, will, can, could, may, might, must, should, need** und **ought (to)** werden wie im Deutschen durch Umstellung von Subjekt und Hilfsverb gebildet. Im Gegensatz zum Deutschen steht das Hauptverb nicht am Ende des Satzes.

> **Is he** there? *Ist er da?*
> **Can you help** me? *Kannst du mir helfen?*
> **Have you seen** Michael? *Hast du Michael gesehen?*

Bei allen anderen Verben wird die Frageform mit **do/does** (Gegenwart) bzw. **did** (Vergangenheit) **+ Infinitiv** ohne **to** gebildet. Die übrige Wortstellung bleibt dabei wie im Aussagesatz:

Subjekt	+	Verb	+	Objekt
He		hates		fish.

do/does/did	+	Subjekt	+	Verb	+	Objekt
Does		he		hate		fish?

Fragen mit Fragewörtern wie **why, when, which** usw. werden ebenfalls mit **do + Infinitiv** ohne **to** gebildet:

> **Why do they** live there? *Warum leben sie dort?*
> **Where does she** work? *Wo arbeitet sie?*
> **When did you** find out? *Wann hast du das erfahren?*

Ausnahme: wenn das Fragewort Subjekt oder Teil des Subjekts des Satzes ist. In diesem Fall antwortet es auf die Frage „wer?" oder „was?" und das Verb folgt ohne Umschreibung mit **do**.

> **Who** told you that? *Wer hat dir das erzählt?*
> **Which** room is ours? *Welches Zimmer ist unseres?*

Frageform und Verneinung

7.2 Die Verneinung

- Sätze mit **be** und den Hilfsverben **have, will, can, could, must, should, need** und **dare** bilden die Verneinung durch Anhängen von **-n't**.

- Bei den Hilfsverben **may, might** und **ought (to)** sowie zur Betonung fügt man **not** hinzu. Gelegentlich findet man die Formen **mightn't** und **oughtn't**.

- **I am** bzw. **I'm** wird zu **I'm not**, betont auch **I am not**.

- **I can** wird zu **I can't**, betont auch **I cannot**.

- **I will** bzw. **I'll** wird zu **I won't**, betont auch **I will not**.

He **isn't** / He**'s not** in.	*Er ist nicht da.*
You **shouldn't** say that.	*Du solltest das nicht sagen.*
She **won't** open the door.	*Sie macht die Tür nicht auf.*
They **might not** come.	*Sie kommen vielleicht nicht.*

- Bei anderen Verben wird die Verneinung durch **don't/doesn't/didn't + Infinitiv** ohne **to** gebildet. Das gilt auch, wenn **have** als Vollverb erscheint.

- Zur Betonung bzw. im förmlichen Stil wird **not** voll ausgeschrieben.

They **don't** eat pork.	*Sie essen kein Schweinefleisch.*
We **didn't** have any change.	*Wir hatten kein Kleingeld.*

Im britischen Englisch gibt es in der Gegenwart für **have** im Sinne von „haben, besitzen" zwei mögliche Verneinungsformen:

I **haven't got** / **don't have** any money.	*Ich habe kein Geld.*

7.3 Die verneinte Frage

- Bei verneinten Fragen wird **-n't** an das erste Verb (meistens ein Hilfsverb) angehängt.

- **Am I** wird dabei zu **aren't**.

Doesn't he speak English?	*Spricht er kein Englisch?*
Haven't you got a handkerchief?	*Hast du kein Taschentuch?*
Aren't I generous?	*Bin ich nicht großzügig?*

7.4 Kurzantworten

Bei Kurzantworten wird das erste Verb (meistens ein Hilfsverb) des Fragesatzes wiederholt:

- **Can** I eat now? — *Darf ich jetzt essen?*
- Yes, **you can.** — *Ja(, darfst du).*
- **Do** you like Chopin? — *Mögen Sie Chopin?*
- Yes, **I do.** — *Ja.*

7.5 Frageanhängsel

- Bei Fragen, die Zustimmung erhoffen („oder?", „nicht wahr"?, „ne?" usw.), werden **be, have** und die Hilfsverben (**will, must, can, should** usw.) wiederholt.

- Bei einem bejahten Satz erscheint das Frageanhängsel in der verneinten Form, bei einem verneinten Satz in der bejahten Form.

> You're a physicist, **aren't you?** *Sie sind doch Physiker, nicht wahr?*
> He can't speak Japanese, **can he?** *Er kann doch kein Japanisch, oder?*

- Vollständige Verben außer **be** und **have** werden im Frageanhängsel durch die entsprechende Form von **do** ersetzt.

- Auch hier gilt: Ein bejahter Satz wird im Anhängsel verneint, ein verneinter Satz bejaht.

Hier empfiehlt es sich, zunächst die „normale" Frage zu bilden und dann die mit dem Frageanhängsel:

> **Do you remember** me? *Erinnerst du dich an mich?*
> **You remember** me, **don't you?** *Du erinnerst dich doch an mich, oder?*

8 Das Verb

8.1 Die Gegenwart: einfache Form und –ing-Form

8.1.1 Die Bildung der einfachen Gegenwart

Bei der einfachen Gegenwart weicht nur die 3. Person Singular (**he, she, it, the dog, my brother** usw.) ab.

Im Allgemeinen wird ein **-s** der Grundform des Verbs hinzugefügt:

    talk – he talk**s**   run – she run**s**   kick – the horse kick**s**

Bei Verben, die auf **-s, -sh, -ch** oder **-x** enden, bildet man die 3. Person Singular durch Anhängen von **-es** an die Grundform:

    miss – she miss**es**   push – it push**es**
    catch – it catch**es**   fax – he fax**es**

Verben, die auf einen Konsonanten (**m,p,s,v** usw.) + **-y** enden, bilden die 3. Person Singular auf **-ies:**

    carry – it carr**ies**   try – she tr**ies**   deny – he den**ies**

Folgt das **-y** auf ein Vokal **(a,e,i,o,u)**, bleibt es stehen:

    buy – he buy**s**   say – she say**s**   employ – it employ**s**

Weitere Ausnahmen:

    go – he go**es**   be – I **am**
    do – it do**es**   you **are**
    have – she **has**   he, she, it **is**
                          we, they **are**

8.1.2 Die Bildung der –ing-Form

Die -ing-Form besteht aus der **Grundform des Verbs + -ing:**

> talk + -ing = talking   dream + -ing = dreaming

Ausnahmen:

- Ein nicht gesprochenes **-e** am Ende entfällt:

    pace – pac**ing**   ride – rid**ing**

Das Verb **8**

- Ein einfacher Konsonant (**d,m,r** usw.) nach kurzem betontem Vokal (**a,e,i,o,u**) wird verdoppelt:

  run – run**ning**   slam – slam**ming**
  permit – permit**ting**   grab – grab**bing**

- Ist der Endvokal nicht betont, wird der Konsonant nicht verdoppelt:

  enter – enter**ing**   profit – profit**ing**

- **-ie** am Ende wird zu **-ying**:

  lie – l**ying**   tie – t**ying**

- Ein **-r** am Ende nach einem betonten, einfachen Vokal wird verdoppelt:

  prefer – prefer**ring**

- Ein **-l** am Ende nach einem einfachen Vokal wird verdoppelt:

  travel – travel**ling**   libel – libel**ling**

- Ein **-c** am Ende wird zu **-ck-**:

  picnic – picni**cking**

Die **-ing-Form der Gegenwart** wird so gebildet:

am/are/is + -ing-Form bzw. die Kurzformen **'m/'re/'s + -ing-Form**

I'm coming – we're eating – Jack is crying – my parents are gardening

8.1.3 Der Gebrauch der einfachen Gegenwart
Die einfache Gegenwart beschreibt Handlungen, die wiederholt, regelmäßig, gewohnheitsmäßig oder traditionsgemäß stattfinden.

I **eat** five pieces of fruit a day.   *Ich esse täglich fünf Stück Obst.*
She **writes** to all her friends.   *Sie schreibt an alle ihre Freunde.*

Das Verb

Die einfache Gegenwart wird auch verwendet, um Berufe sowie dauerhafte bzw. längerfristige Beschäftigungen, Aufgaben usw. zu beschreiben:

My brother **sings** in a rock band.	*Mein Bruder singt in einer Rockband.*
Laura **writes** computer programs.	*Laura schreibt Computerprogramme.*

Die einfache Gegenwart beschreibt auch allgemeine Wahrheiten und natürliche Gesetzmäßigkeiten.

Water **consists of** hydrogen and oxygen.	*Wasser besteht aus Wasserstoff und Sauerstoff.*
The monsoon season **starts** in April.	*Die Monsunzeit beginnt im April.*

8.1.4 Der Gebrauch der –ing-Form der Gegenwart

Die -ing-Form der Gegenwart verwendet man für Vorgänge oder Handlungen, die zu einem bestimmten Zeitpunkt in der Gegenwart gerade ablaufen:

He**'s having** a sleep.	*Er schläft gerade.*
They**'re lying** in the sun.	*Sie liegen gerade in der Sonne.*

Die -ing-Form der Gegenwart bezeichnet auch nicht abgeschlossene Handlungen und Beschäftigungen, die sich über einen längeren Zeitraum erstrecken.
Wenn man im Deutschen „zurzeit" hinzufügen kann, deutet dies auf den Gebrauch der -ing-Form:

Mary**'s living** with her sick father.	*Mary lebt mit ihrem kranken Vater.*
The tomatoes **are growing** really well this year.	*Dieses Jahr wachsen die Tomaten wirklich gut.*

Die -ing-Form der Gegenwart wird ebenfalls verwendet, um allmähliche Zustandsveränderungen zu beschreiben:

Young Hugo **is getting** bigger every day.	*Der kleine Hugo wird von Tag zu Tag größer.*

8.1.5 Verben, die in der –ing-Form generell nicht erscheinen

Bestimmte Verben findet man relativ selten in der -ing-Form der Gegenwart, da sie keine Vorgänge als solche beschreiben sondern eher „statische" Zustände. Dazu gehören folgende Verben in der angegebenen Bedeutung:

Das Verb **8**

believe	*glauben*	**think**	*denken*
hope	*hoffen*	**understand**	*verstehen*
feel	*sich fühlen*	**know**	*wissen*
like	*mögen*	**mean**	*bedeuten*
hate	*hassen*	**remember**	*sich erinnern*
want	*wollen*	**forget**	*vergessen*
wish	*wünschen*	**cost**	*kosten*
sound	*klingen*	**contain**	*enthalten*
look	*aussehen*	**belong**	*gehören*
seem	*scheinen*	**own**	*besitzen*
see	*sehen*	**need**	*brauchen*

it **depends**	*es kommt darauf an*
she **smells** lovely	*sie duftet wunderbar*
you **sound** awful	*du klingst furchtbar*
this **tastes** strange	*das schmeckt merkwürdig*

Wenn solche Verben in der -ing-Form erscheinen, haben sie meistens eine andere Bedeutung:

> He's **seeing** the doctor tomorrow.   *Morgen geht er zum Arzt.*

8.1.6 Die ing-Form bei to have und to be

Das Verb **to have** ist in der -ing-Form nicht möglich, wenn damit Besitz ausgedrückt wird.

In anderen Bedeutungen ist die -ing-Form möglich:

> Jamie **has** a new computer.   *Jamie hat einen neuen Computer.*
> We're **having** our tea.   *Wir essen gerade zu Abend.*

Das Verb **to be** kann nur in folgenden Fällen in der -ing-Form erscheinen:

- im Passiv

- in Verbindung mit einem Adjektiv, das eine bestimmte Verhaltensweise ausdrückt

> The house **is being painted** next week.   *Das Haus wird nächste Woche gestrichen.*
> The dogs **are being** very aggressive at the moment.   *Die Hunde sind zur Zeit sehr aggressiv.*

8 Das Verb

8.2 Die Vergangenheit: einfache Form und –ing–Form

8.2.1 Die Bildung der einfachen Vergangenheit

Die Vergangenheitsformen der unregelmäßigen Verben sind in einer Tabelle im Anhang aufgeführt (S. 76).

- Bei den regelmäßigen Verben wird **-ed** an die Grundform des Verbs angehängt:

  talk – talk**ed**   play – play**ed**   kick – kick**ed**

- Ein einfacher Konsonant (**b,m,p** usw.) nach kurzem Vokal (**a,e,i,o,u**) wird verdoppelt:

  bug – bug**ged**   pot – pot**ted**   pad – pad**ded**

- Ein einfacher Konsonant nach einem betonten einfachen Vokal in einem zweisilbigen Wort wird verdoppelt:

  refer – refer**red**   occur – occur**red**

- Ein einfacher Konsonant nach einem unbetonten einfachen Vokal wird nicht verdoppelt:

  suffer – suffer**ed**   target – target**ed**   credit – credit**ed**

- Die Ausnahme bildet ein einfaches **-l**, das im britischen Englisch verdoppelt wird (im Gegensatz zum Amerikanischen):

  travel – travel**led**   label – label**led**

- Ein **-y** nach einem Konsonanten wird bei regelmäßigen Verben zu **-ie-**:

  try – tr**ied**   hurry – hurr**ied**   comply – compl**ied**

- Dies gilt nicht, wenn vor dem **-y** ein Vokal steht:

  play – play**ed**   obey – obey**ed**

8.2.2 Der Gebrauch der einfachen Vergangenheit

Die einfache Vergangenheit bezeichnet Handlungen, die sich in der Vergangenheit mehrmals bzw. regelmäßig wiederholen:

He **sometimes** called me up in the middle of the night.	*Manchmal rief er mich mitten in der Nacht an.*
She **visited** us every summer.	*Sie besuchte uns jeden Sommer.*

Die einfache Vergangenheit wird auch für vereinzelte Handlungen gebraucht, die in der Vergangenheit abgeschlossen wurden. Oft erscheint im Satz eine genaue Zeitangabe (z. B. **last month**) bzw. ein indirekter Hinweis auf eine bestimmte Zeit (z. B. **during the war**):

> We **went** to Malta in May. *Im Mai sind wir nach Malta gefahren.*
>
> He **wrote** his autobiography during the school holidays. *Er schrieb seine Autobiographie während der Schulferien.*

Auch wird die einfache Vergangenheit verwendet, wenn es sich um eine Reihenfolge von Handlungen oder Ereignissen handelt:

> He **searched** all over the house, **looked** under the beds, even **emptied** the dustbin, but **couldn't** find the letter. *Er durchsuchte das ganze Haus, schaute unter die Betten und leerte sogar die Mülltonne aus, konnte aber den Brief nicht finden.*

8.2.3 Die Bildung der –ing–Form der Vergangenheit

Die -ing-Form der Vergangenheit wird gebildet aus **was/were + ing-Form.**

> He **was mowing** the lawn. *Er mähte den Rasen.*

8.2.4 Der Gebrauch der –ing–Form der Vergangenheit

Die -ing-Form der Vergangenheit wird verwendet, um etwas zu beschreiben, das zu einem bestimmten Zeitpunkt in der Vergangenheit gerade ablief.

Im Deutschen kann man oft das Wort „gerade" hinzufügen:

> – What **was** she **doing** on the roof? *– Was machte sie auf dem Dach?*
> – She **was adjusting** the aerial. *– Sie justierte die Antenne.*
> On Friday afternoon we **were playing** tennis in the park. *Am Freitag Nachmittag spielten wir im Park Tennis.*

Die -ing-Form der Vergangenheit beschreibt auch allmähliche Entwicklungen bzw. noch nicht abgeschlossene Handlungen:

> He **was getting** more and more irritable. *Er wurde zunehmend gereizter.*
>
> Last year they **were training** for the Olympics. *Letztes Jahr trainierten sie für die Olympischen Spiele.*

Das Verb

Auch verwendet man die -ing-Form der Vergangenheit, um verschiedene Handlungen zu beschreiben, die gerade gleichzeitig abliefen:

> Last night Ron **was watching** TV, the children **were playing** in the garden, Rita **was clearing up** in the kitchen and I **was walking** the dogs.

Gestern Abend schaute Ron fern, die Kinder spielten im Garten, Rita räumte in der Küche auf und ich führte die Hunde spazieren.

8.2.5 Einfache Form und –ing-Form der Vergangenheit im Vergleich

Erscheinen beide Vergangenheitsformen in einem Satz, beschreibt die -ing-Form eine Handlung, die bereits im Gange war, als eine neue (in der einfachen Vergangenheit) eintrat:

> He **was playing** the piano when the police **knocked** at the door.

Er spielte Klavier, als die Polizei an der Tür klopfte.

8.3 Einfache Vergangenheit und Present Perfect

8.3.1 Die Bildung des Present Perfect

- Das Present Perfect wird zusammengesetzt aus **have/has + Past Participle:**

I have slept – she has arrived – they have gone

- Das **Past Participle** von regelmäßigen Verben ist mit der Form der einfachen Vergangenheit identisch. Es besteht aus der Grundform des Verbs + **-(e)d**:

want – wanted   –   visit – visited   –   care – cared

- Abgekürzte Formen findet man beim **Present Perfect** häufig:

I've, you've, we've, they've; he's, she's, it's

- Die verneinte Form lautet meistens **haven't/hasn't + Past Participle.**

8.3.2 Der Gebrauch der einfachen Vergangenheit und des Present Perfect

Die einfache Vergangenheit beschreibt Vorgänge und Handlungen, die in der Vergangenheit liegen, vollkommen abgeschlossen sind und keinen direkten Bezug mehr zur Gegenwart haben:

> As a racing driver he **crashed** 16 cars.

Als Rennfahrer hat er (insgesamt) 16 Autos kaputtgefahren.
(d. h. er ist kein Rennfahrer mehr)

Das Verb

Das **Present Perfect** setzt das Verb in Bezug zur Gegenwart: Es bildet eine Brücke zwischen Vergangenheit und Gegenwart. Im Deutschen kann man oft „bisher", „bis jetzt" oder „bis zu diesem Zeitpunkt/Augenblick" hinzufügen:

As a racing driver he **has crashed** 16 cars.	*Als Rennfahrer hat er (bisher) 16 Autos kaputtgefahren.* (d. h. er ist noch Rennfahrer und wird womöglich weitere Autos kaputtfahren)

Es gibt einige Signalwörter, die in der Regel auf die einfache Vergangenheit bzw. das **Present Perfect** deuten:

einfache Vergangenheit		Present Perfect	
yesterday	*gestern*	**up to now,**	*bisher,*
last night	*gestern Abend, letzte Nacht*	**until/till now**	*bis jetzt*
last week	*letzte Woche*	**so far**	*bisher*
last summer	*letzten Sommer*		
usw.	usw.	**yet** (in verneinten Sätzen)	*noch nicht*
in 1982	*(im Jahr) 1982*		
in April	*im April*	**yet** (in Fragen)	*schon*
in the evening usw.	*abends* usw.	**lately**	*in letzter Zeit*
at midday	*mittags*		
at Easter	*zu Ostern*		
at 3 o'clock usw.	*um drei Uhr* usw.		
on August 3rd	*am 3. August*		
on Monday usw.	*am Montag* usw.		
a year **ago**	*vor einem Jahr*		
two days **ago** usw.	*vor zwei Tagen* usw.		
just (then)	*gerade eben*		
when	*als,* (in Fragen) *wann*		

8 Das Verb

In Sätzen, die keine Signalwörter enthalten, sollte man sich folgende Regeln merken:

Bei Ereignissen, die in der Geschichte zurückliegen, nimmt man im Englischen die **einfache Vergangenheit:**

    The Titanic **sank** in 1912.   *Die Titanic sank 1912.*

Auch bei Vorgängen, Ereignissen und Handlungen, die erst kürzlich stattgefunden haben, verwendet man die **einfache Vergangenheit,** vorausgesetzt der Sprecher betrachtet sie als in der Vergangenheit abgeschlossen:

    They **ordered** us to evacuate our houses.   *Sie haben uns befohlen, unsere Wohnungen zu evakuieren.*
    She **took** photos of everyone at the wedding.   *Sie machte auf der Hochzeit von jedem Fotos.*

Wenn bei einem Vorgang in der Vergangenheit das Ergebnis und sein Einfluss auf die Gegenwart im Vordergrund steht, verwendet man das **Present Perfect:**

    They **have ordered** us to evacuate our houses.   *Sie haben uns befohlen, unsere Wohnungen zu evakuieren.*
    (d.h. die Evakuierung ist noch gar nicht ausgeführt worden: der Befehl hat noch Auswirkung auf die Gegenwart)

    She **has taken** photos of everyone at the wedding.   *Sie machte auf der Hochzeit von jedem Fotos.*
    (d.h. die Fotos sind wahrscheinlich noch nicht entwickelt worden: der Bezug zur Gegenwart ist da)

Erscheint jedoch ein Signalwort für die **einfache Vergangenheit,** kann man das **Present Perfect** nicht verwenden:

    She **took** photos of everyone at **last Saturday**'s wedding.   *Sie machte auf der Hochzeit vom letzten Samstag von jedem Fotos.*

Wenn es unwichtig ist, wann etwas in der Vergangenheit stattfand, nimmt man das **Present Perfect.** Im Deutschen kann man oft „schon (ein)mal" hinzufügen:

    I**'ve seen** that film before.   *Ich hab den Film schon mal gesehen.*

Das **Present Perfect** wird auch für Vorgänge oder Zustände verwendet, die in der Vergangenheit angefangen haben und bis in die Gegenwart hineinreichen.
Oft dauert der Vorgang noch an, und in solchen Fällen verwendet man oft die **Verlaufsform des Present Perfect:**

Das Verb 8

She**'s been** with this company for five years.	*Sie ist seit fünf Jahren bei dieser Firma.*
I**'ve been sitting** in this waiting room for two hours.	*Ich sitze schon seit zwei Stunden in diesem Wartezimmer.*

Das deutsche Wort „seit" hat im Englischen zwei Entsprechungen:

- **for**, das bei einem Zeitraum verwendet wird

- **since**, das bei einem Zeitpunkt verwendet wird

We**'ve** only **been** married **for two weeks.**	*Wir sind erst seit zwei Wochen verheiratet.*
Our friends **have been** married **since July.**	*Unsere Freunde sind seit Juli verheiratet.*

Eine Übersicht über die Anwendung von **for** und **since:**

for **Zeitdauer**	**since** **Zeitpunkt**
Meistens eine Zeitangabe mit **a/an** bzw. im Plural:	Genaue Angabe eines Zeitpunkts, eines Ereignisses bzw. einer Handlung:
for **a** month for **an** hour for some time for several week**s** for year**s**	since midnight since 5 o'clock since January since we last met since he left school

8.4 Die Zukunftsformen

8.4.1 Die Bildung der Formen der einfachen Zukunft
Für die einfache Zukunft gibt es fünf Ausdrucksmöglichkeiten:

1. will-Zukunft	She**'ll tell** you.	**will/shall** (oft **'ll**)
2. be going to	I**'m going to** look for a new job.	**am/are/is going to** + Grundform des Verbs
3. -ing-Form in der Gegenwart	They**'re leaving** tomorrow.	**am/are/is** + **-ing-Form**

Das Verb

| 4. einfache Gegen-wart | We **fly** to Goa on Friday. | **Grundform des Verbs;** bei **he, she, it** und Substantiven + **-(e)s** |
| 5. -ing-Form in der will-Zukunft | I**'ll be seeing** him on Monday. | **will/shall** (oft **'ll**) + **be** + **-ing-Form** |

Wichtig zu merken ist auch Folgendes:

- **Will** wird meistens zu **'ll** verkürzt.

- Die verneinte Form **will not** wird fast immer zu **won't** verkürzt.

- **Shall** wird hauptsächlich nach **I** oder **we** verwendet und klingt gehobener als **will**. Die verneinte Form lautet **shan't**.

- Die 4. Möglichkeit (einfache Gegenwart mit Zukunftsbedeutung) wird wesentlich seltener gebraucht als im Deutschen.

Der Gebrauch der Zukunftsformen ist leichter zu verstehen, wenn man die Zukunft in zwei große Bereiche aufteilt:

- **Vorhersage/Vermutung** (Was wird geschehen?)
- **Vorhaben** (Was wollen wir eigentlich machen?)

8.4.2 Voraussagungen/Vermutungen

Die **will-Zukunft** wird bei ganz allgemeinen Voraussagungen verwendet:

> It**'ll be** all right.   *Es wird schon gut gehen.*

Die **going to-Form** wird verwendet, wenn sich die betreffende Person so gut wie sicher ist, dass etwas tatsächlich eintreten wird. Oft sieht man es kommen:

> He**'s going to fall!**   *Er fällt gleich!*
> I**'m going to be sick.**   *Ich muss mich übergeben.*

Die **ing-Form** der **will-Zukunft** wird für Voraussagen verwendet, bei denen etwas ohnehin Vorgesehenes eintritt:

> They**'ll be arriving** in an hour.   *Sie kommen in einer Stunde an.*

8.4.3 Absicht, Plan, Vereinbarung

Bei spontanen, nicht vorher überlegten Absichtserklärungen verwendet man die **will-Zukunft**:

> I**'ll make** us something to eat. *Ich mache uns etwas zu essen.*
> We**'ll order** a taxi to take us to *Wir bestellen uns ein Taxi, das uns*
> the opera. *in die Oper bringen soll.*

Bei vorher überlegten Entscheidungen verwendet man **be going** to. Oft wird damit die Entschlossenheit des Handelnden zum Ausdruck gebracht:

> I**'m going to throw** the TV set *Ich werde den Fernseher raus-*
> out! *schmeißen!*
> We**'re going to have** a party and *Wir feiern eine Party und laden*
> **invite** all our friends. *dazu alle unsere Freunde ein.*

Die **-ing-Form der Gegenwart** wird verwendet, um bereits festgelegte Pläne oder Vereinbarungen auszudrücken. Dabei erscheint oft eine Zeitangabe oder ein Fragewort der Zeit (z. B. **when**) im Satz, um deutlich zu machen, dass es sich um die Zukunft und nicht die Gegenwart handelt:

> On Sunday I**'m helping** my *Am Sonntag helfe ich meiner Oma*
> grandma in the garden, then I**'m** *im Garten, dann gehe ich mit*
> **going out** with Sarah. *Sarah aus.*

Oft sind die **going to-Form** und die **-ing-Form der Gegenwart** austauschbar. Dabei wird bei **be going to** die Absicht des Handelnden betont, während bei der **-ing-Form der Gegenwart** die feste Vereinbarung im Vordergrund steht:

> When **are you going to see** your *Wann besuchst du deine Eltern?*
> parents?
> When **are you seeing** your *Wann besuchst du deine Eltern?*
> parents?

Bei Terminen und Zeiten, die meistens anderweitig festgelegt wurden (z. B. Feiertage, Öffnungszeiten, Abflugs- und Landezeiten usw.), wird die **einfache Gegenwart** verwendet:

> The next train to Brighton **leaves** *Der nächste Zug nach Brighton*
> at ten past two. *fährt um zehn nach zwei ab.*
> The bar **closes** at midnight. *Die Bar macht um Mitternacht zu.*

8.4.4 Das Future Perfect

Das **Future Perfect (will/'ll have + Past Participle)** wird verwendet, um auszudrücken, dass etwas zu einem bestimmten Zeitpunkt in der Zukunft schon stattgefunden haben wird.

| By the end of March, I **will have written** 15 essays. | *Bis Ende März werde ich 15 Aufsätze geschrieben haben.* |

Die **-ing-Form des Future Perfect (will/'ll have been + -ing-Form)** bezeichnet eine noch nicht abgeschlossene Handlung aus der Perspektive eines bestimmten Zeitpunkts in der Zukunft.

| On May 21st, we**'ll have been living** here for twelve years. | *Am 21. Mai werden wir zwölf Jahre hier gelebt haben.* |

8.5 Das Passiv

Das Passiv dient u. a. dazu, von einer Handlung zu berichten, ohne den Handelnden zu nennen. Beim Passiv steht nämlich die Person bzw. die Sache, der etwas passiert, im Mittelpunkt.

8.5.1 Die Bildung des Passivs

Das Passiv wird wie folgt gebildet:

Subjekt + Form des Verbs to be + Past Participle
They were arrested.
Sie wurden verhaftet.

She**'s** always **invited** to parties.	*Sie wird dauernd zu Partys eingeladen.*
We **were welcomed** by the Duke.	*Wir wurden vom Herzog begrüßt.*
I**'ve** never **been examined** by her.	*Ich bin nie von ihr geprüft worden.*

Dem deutschen „von" bzw. „durch" entspricht das englische **by.** In Fragen wird es meistens nachgestellt:

| He was reported **by** a neighbour. | *Er wurde von einem Nachbarn angezeigt.* |
| Who were they accompanied **by?** | *Von wem wurden sie begleitet?* |

8.5.2 Das persönliche Passiv

Bei einer Reihe englischer Verben ist das persönliche Passiv im Gegensatz zum deutschen Gebrauch möglich. Hier einige der wichtigsten:

advise	*empfehlen*	**sell**	*verkaufen*
tell	*sagen*	**show**	*zeigen*
promise	*versprechen*	**send**	*schicken*
order	*befehlen*	**bring**	*bringen*
prescribe	*verschreiben*	**lend**	*leihen*
expect	*erwarten*	**help**	*helfen*
offer	*anbieten*	**give**	*geben*
allow	*erlauben*	**teach**	*beibringen*

    I **was advised** to see a dentist.   *Mir wurde geraten / Man riet mir, einen Zahnarzt aufzusuchen.*

Die unpersönliche deutsche Konstruktion „man ..." wird im Englischen oft mit dem Passiv wiedergegeben:

    He **was told** there were no tickets left.   *Man sagte ihm, es gäbe keine Karten mehr.*

8.5.3 Die -ing-Form im Passiv

Die -ing-Form im Passiv ist nur in der Gegenwart **(Subjekt + am/are/is being + Past Participle)** und in der Vergangenheit **(Subjekt + was/were being + Past Participle)** geläufig:

    I think we**'re being watched**.   *Ich glaube, wir werden beobachtet.*
    He **was being questioned** by the police.   *Er wurde von der Polizei verhört.*

8.5.4 Besondere Konstruktionen im Passiv

Das Passiv wird auch in der **-ing-Form** als Gerundium (**being + Past Participle**), im Infinitiv mit **to** (**to be + Past Participle**) sowie nach Hilfsverben (Hilfsverb + **be** + **Past Participle**) verwendet:

    He loves **being tickled**.   *Er liebt es, gekitzelt zu werden.*
    You're too heavy **to be carried** up the stairs.   *Du bist zu schwer, um die Treppe hochgetragen zu werden.*
    The earthquake **could be felt** fifty miles away.   *Das Erdbeben war in fünfzig Meilen Entfernung zu spüren.*

Das Verb

Folgende Passivkonstruktionen werden oft mit Verben des Sagens, Meinens und Behauptens verwendet:

Subjekt +	Passiv +	Infinitivkonstruktion
She	is known	to have contacts with the gang.
there +	**Passiv** +	**Infinitivkonstruktion**
There	are believed	to have been two arrests.
it +	**Passiv** +	**that-Konstruktion**
It	is feared	that 20 people may have died.

Im Folgenden werden die wichtigsten Verben aufgeführt, die häufig in diesen Konstruktionen erscheinen. Auch die anderen Formen (mit Subjekt bzw. **there**) sind möglich.

it is said	*man sagt*
it is known	*man weiß*
it is thought	*man glaubt, man meint*
it is believed	*man glaubt*
it is felt	*man meint*
it is supposed	*es wird vermutet*
it is feared	*es wird befürchtet*
it is claimed	*es wird behauptet*
it is reported	*es wird gemeldet*
it is understood	*es wird angenommen*
it is recognized	*es wird anerkannt*
it is acknowledged	*es wird anerkannt*

8.6 Das Partizip
8.6.1 Die Bildung der verschiedenen Partizipformen
Die Partizipien lauten wie folgt:

	aktiv	passiv
Present Participle	asking	being asked
Past Participle	asked	asked
Perfect Participle	having asked	having been asked

Das Verb

Sie werden so gebildet:

- Das **Present Participle** im Aktiv ist die **-ing-Form** des Verbs.

- Das **Past Participle** im Aktiv und Passiv wird bei regelmäßigen Verben durch Anhängen von **-(e)d** an die Grundform des Verbs gebildet.

- Das **Perfect Participle** im Aktiv besteht aus **having + Past Participle.**

- Das **Present Participle** im Passiv wird aus **being + Past Participle** gebildet.

- Das **Perfect Participle** im Passiv besteht aus **having been + Past Participle.**

8.6.2 Der Gebrauch der Partizipien

Das **Present Participle** und das **Past Participle** werden oft – ähnlich ihren deutschen Entsprechungen – wie Adjektive verwendet und mit Substantiven verbunden:

>the **falling** rain – *der fallende Regen*
>a **roasted** chicken – *ein Brathuhn*

Im Gegensatz zum Deutschen ist es nicht immer möglich, das Partizip vor das Substantiv zu stellen. In solchen Fällen wird meistens ein verkürzter Relativsatz verwendet.

>I heard a **child crying.**   *Ich hörte ein weinendes Kind.*
>(= a child who was crying)

Das **Present Participle** kann, im Gegensatz zum Deutschen, nach Verben wie folgenden stehen:

| **catch** | *erwischen* | **keep** | *lassen* |
| **find** | *finden* | **leave** | *(ver)lassen* |

sowie nach den Wahrnehmungsverben:

see	*sehen*	**notice**	*bemerken*
hear	*hören*	**watch**	*beobachten, sehen*
smell	*riechen*	**observe**	*beobachten*
feel	*fühlen*		

Das Verb

Die Satzstruktur sieht dabei so aus:

Verb +	Objekt +	Present Participle	
I **could hear**	you	**snoring**	last night.
Ich habe dich letzte Nacht schnarchen hören.			
They **found**	her	**sitting**	in the park.
Sie haben sie im Park sitzend gefunden.			

Bei kurzen Vorgängen kann man nach **feel, hear, see, smell** und **watch** auch den Infinitiv (ohne **to**) anstelle des **Present Participle** verwenden:

> I **saw** you **run** when your father turned up.
> *Ich habe gesehen, wie du gerannt bist, als dein Vater auftauchte.*

Das **Present Participle** kann unmittelbar nach den Verben **come** und **go** stehen. Im Deutschen steht dafür oft das Partizip Perfekt (z. B. „sie kam dahergerannt"):

> They **came slithering** along the pavement.
> *Sie kamen den Bürgersteig entlanggeschlittert.*
> The tyre **went bouncing** down the hill.
> *Der Reifen holperte den Hügel hinunter.*

Nach folgenden „statischen" Verben kann das **Present Participle** bzw. das **Past Participle** stehen:

lie	*liegen*	**sit**	*sitzen*
remain	*bleiben*	**stand**	*stehen*

Im Deutschen steht dafür oft ein Nebensatz mit „und" oder ein Infinitiv:

> He **lay** there smoking.
> *Er lag da und rauchte.*
> We were asked to **remain seated.**
> *Man bat uns, sitzenzubleiben.*

8.6.3 Das Partizip zur Verkürzung von Nebensätzen

Das **Present Participle** und das **Past Participle** können zur Verkürzung von Nebensätzen verwendet werden. Das ist aber nur möglich, wenn beide Satzteile dasselbe Subjekt haben.

Im Deutschen steht dafür oft ein Nebensatz mit „da", „als", „indem", „und" o. ä.:

> **Turning** the corner, I came face to face with my ex-husband.
> *Als ich um die Ecke bog, begegnete ich meinem Ex-Mann.*
> Completely **surprised,** he sat there without saying a word.
> *Vollkommen überrascht, saß er da und brachte kein Wort heraus.*

Das Verb 8

Die Konstruktion **having + Past Participle** entspricht im Deutschen „da/nachdem/
als ... habe(n)/hatte(n)" usw. Im Passiv lautet die Konstruktion **having been + Past
Participle**:

Having lost her job, she emigrated to Canada.	*Nachdem sie ihre Stelle verloren hat, ist sie nach Kanada ausgewandert.*
Having been abandoned by his parents, he was raised by an aunt.	*Nachdem ihn seine Eltern verlassen haben, wurde er von einer Tante aufgezogen.*

8.6.4 Das Partizip zur Verkürzung von Relativsätzen

Das **Present Participle** und das **Past Participle** werden auch verwendet, um Relativsätze zu verkürzen. Das Partizip erscheint dabei unmittelbar hinter dem Substantiv, auf das es sich bezieht, bzw. hinter dem Adverb.

I asked **the policeman** (who was) **standing** on the corner.	*Ich fragte den Polizisten, der an der Ecke stand.*
The **statue** (that was) **found** at this spot is now in the museum.	*Die Statue, die an dieser Stelle gefunden wurde, befindet sich jetzt im Museum.*

8.6.5 being

Being am Anfang eines Satzes signalisiert einen Partizipialsatz des Grundes und wird ausschließlich mit „da/weil ..." übersetzt.

Being a perfectionist, he won't send that letter out.	*Da er ein Perfektionist ist, wird er den Brief nicht verschicken.*

8.7 Die indirekte Rede

Die indirekte Rede besteht aus einem übergeordneten Satz (**he said, they told us** usw.) und einem untergeordneten Satz, der ursprünglich direkten Rede (das, was geschrieben in Anführungsstrichen steht). Steht der übergeordnete Satz im Englischen in der Vergangenheit, ändern sich die grammatischen Zeiten:

direkte Rede		indirekte Rede
"**I'm** tired," said Mary.		Mary said (that) she **was** tired.
einfache Gegenwart	→	**einfache Vergangenheit**
"**He's doing** his homework," said Mrs Brown.		Mrs Brown said (that) he **was doing** his homework.
-ing-Form der Gegenwart	→	**-ing-Form der Vergangenheit**

51

8 Das Verb

"I **met** him on the bus," said Jeffrey.		Jeffrey said (that) he **had met** him on the bus.
einfache Vergangenheit	→	**Past Perfect (had + Past Participle)**
"They **were swimming** when it happened," said Mr Parr.		Mr Parr said (that) they **had been swimming** when it (had) happened.
-ing-Form der Vergangenheit	→	**-ing-Form des Past Perfect (had been + -ing-Form)**
"Mike**'s** just **gone** shopping," said Frank.		Frank said that Mike **had** just **gone** shopping.
Present Perfect	→	**Past Perfect**
"We**'ve been running** in the gym," the boys told him.		The boys told him (that) they **had been running** in the gym.
-ing-Form des Present Perfect	→	**-ing-Form des Past Perfect**
"We **had** never **eaten** horse meat before," they admitted.		They admitted (that) they **had** never **eaten** horse meat before.
Past Perfect	bleibt	**Past Perfect**
"I **had been hoping** you would be here," she said.		She said (that) she **had been hoping** he would be there.
-ing-Form des Past Perfect	bleibt	**-ing-Form des Past Perfect**
"We**'ll be** in touch," said the Millers.		The Millers said (that) they **would be** in touch.
will-Zukunft	→	**Konditional I (would + Infinitiv)**
"I**'ll be visiting** China," said Dr Chen.		Dr Chen said (that) he **would be visiting** China.
-ing-Form der will-Zukunft	→	**-ing-Form des Konditionals I (would be + -ing-Form)**
"They**'ll have gone** fishing," said Clare.		Clare said (that) they **would have gone** fishing.
Future Perfect (will/shall have + Past Participle)	→	**Konditional II** (would have + Past Participle)

Das Verb 8

"Gran **will have been drinking** with her friends," said mum.	Mum said (that) Gran **would have been drinking** with her friends.
-ing-Form des Future Perfect →	**-ing-Form des Konditionals II**

- Die Sätze in der indirekten Rede können nach den Verben **say, tell, admit** und **think** mit oder ohne **that** geschrieben werden, aber auf jeden Fall ohne Komma.

- Nach **tell** muss immer ein Objekt (z. B. **me, us, them**) folgen.

- Bei den Verben **answer, reply, explain, remark, add** und **state** dagegen steht fast immer **that** (ebenfalls ohne Komma).

Bei den **unvollständigen Hilfsverben** sind in der indirekten Rede folgende Zeitveränderungen notwendig, wenn der Einleitungssatz in der Vergangenheit steht:

direkte Rede	→	indirekte Rede
can		**could**
may (Möglichkeit)		**might**
will/shall		**would**
shall (in Fragen)		**should**

Folgende Hilfsverbformen bleiben in der indirekten Rede unverändert: **could, had better, might, needn't, ought to, should, used to, would**

Must wird in der indirekten Rede zu **had to**, außer wenn es sich um eine zukünftige Notwendigkeit handelt. In diesem Fall bleibt es entweder unverändert oder wird zu **would have to**:

"I **must** show you what I bought," said Philip.	→	Philip said (that) he **had to** show me what he had bought.
"We **must** have a chat," said Sue.	→	Sue said (that) we **must / would have to** have a chat.

Needn't bleibt in der indirekten Rede erhalten oder wird zu **didn't need to** bzw. **didn't have to**:

"You **needn't** come," said Peter.	→	Peter said (that) I **needn't** / I **didn't need to** / I **didn't have to** come.

53

Das Verb

Used to bleibt in der indirekten Rede entweder unverändert oder wird durch **had previously been** umschrieben:

"Dan **used to be** a karate expert," → Simon told me.	Simon told me (that) Dan **used to be / had previously been** a karate expert.

8.7.1 Ausnahmen zu den Regeln
Bei allgemeingültigen Aussagen ist in der indirekten Rede eine Änderung der Zeit nicht zwingend notwendig:

"It **gets** very cold in winter," said Martha. →	Martha said (that) it **gets** very cold in winter.

Wenn das, was in der direkten Rede gesagt wird, in der Gegenwartsform steht, kann diese Zeit in der indirekten Rede beibehalten werden, wenn das gegenwärtige Geschehen betont bzw. Missverständnisse vermieden werden sollen:

- "I **live** in Cambridge," he said.
- "Pardon?"
- "I said I **live** in Cambridge."

8.7.2 Fragen in der indirekten Rede
Bei **Fragen mit Fragewort** ist die Wortstellung in der indirekten Rede wie im normalen Aussagesatz. Die Zeitenfolge ist ebenfalls gleich:

"How will you pay for it?" she asked us. →	She asked us **how we would pay** for it.

Wenn kein Fragewort (**why, what, how** usw.) erscheint, setzt man bei der indirekten Rede das Wort **if** bzw. **whether** ein („ob"):

"**Does** he **drink** wine?" Mother asked me. →	Mother asked me **if/whether** he drinks (oder drank) wine.

Das Verb

8.7.3 Befehle/Aufforderungen

Aufforderungen und Befehle werden in der indirekten Rede wie folgt behandelt:

Subjekt +	Verb +	Objekt +	to-Infinitiv
Samantha	asked	us	to come in.
The doctor	told	me	to go to bed.
Roger	begged	them	to leave him alone.

8.7.4 Änderungen von Zeit- und Ortsangaben

Wenn die zeitliche oder örtliche Perspektive beim Berichten anders ist, müssen Adverbien und andere adverbiale Bestimmungen in der indirekten Rede geändert werden. Hier die häufigsten Beispiele:

today	→ **that (same) day**
tonight	**that night**
this morning *usw.*	**that morning** *usw.*
yesterday	**the previous day, the day before**
now	(wird oft nicht wiedergegeben) **then, at that point,** (sofort) **straightaway**
next week usw.	**the following week** usw.
last night usw.	**the previous night** usw.; **the night** usw. **before**
a month usw. **ago**	**a month** usw. **before**
here	(wenn der Ort aus dem Zusammenhang klar hervorgeht) **there, in that place**
in this house usw.	**in that house** usw.
this, that, these, those	(meistens) **the**

Das Verb

8.8 Die if-Sätze

Es gibt, wie im Deutschen, drei Grundtypen der if-Sätze oder Bedingungssätze:

Typ 1

If you **give** it to him	he **will break** it.
Wenn du es ihm gibst,	*macht er es kaputt.*
if-Satz	Hauptsatz
einfache Gegenwart	will-Zukunft

Typ 2

If you **gave** it to him	he **would break** it.
Wenn du es ihm geben würdest,	*würde er es kaputt machen.*
if-Satz	Hauptsatz
einfache Vergangenheit	would + Infinitiv ohne to

Typ 3

If you **had given** it to him	he **would have broken** it.
Wenn du es ihm gegeben hättest,	*hätte er es kaputt gemacht.*
if-Satz	Hauptsatz
Past Perfect (had + Past Participle)	would have + Past Participle

Wie im Deutschen kann der if-Satz auch am Anfang des Satzes stehen oder später im Satz erscheinen:

He will break it if you give it to him.

8.8.1 would im if-Satz

Im if-Satz erscheinen **will** und **would** fast nie:

It would help if you **left** me alone.   *Es wäre hilfreich, wenn du mich in Ruhe lassen würdest.*

Eine Ausnahme bildet die Konstruktion **if only,** die einen Wunsch einleitet („wenn ... bloß") und mit **would** verbunden wird. Dies gilt jedoch generell nicht bei den „statischen" Verben (siehe Liste auf S. 50).

If only you **would** listen to me.   *Wenn du mir bloß zuhören würdest.*

Das Verb

Auch bei höflichen Bitten verwendet man **would** im if-Satz, außer bei „statischen" Verben.

> We would appreciate it **if** you **would** enclose your cheque.
>
> *Wir wären Ihnen dankbar, wenn Sie Ihren Scheck beilegen würden.*

8.8.2 Allgemeines

Kurze if-Sätze am Anfang des Satzes haben meistens kein Komma vor dem Hauptsatz.
Bei längeren if-Sätzen am Satzanfang dagegen erscheint meistens ein Komma vor dem Hauptsatz:

> If you're ready we can go.
>
> *Wenn du fertig bist, können wir gehen.*
>
> If he's waiting for me to bath the children and put them to bed, he's in for a surprise.
>
> *Wenn er darauf wartet, dass ich die Kinder bade und ins Bett bringe, dann steht ihm eine Überraschung bevor.*

Wenn der if-Satz auf den Hauptsatz folgt, steht zwischen dem Hauptsatz und Nebensatz (if-Satz) kein Komma. Ausnahme: Es tritt eine deutliche Sprechpause dazwischen:

> I'll show you if you come with me.
>
> *Ich zeig's dir, wenn du mitkommst.*
>
> We'd like to have dinner at eight, if that's all right with you.
>
> *Wir würden gern um acht zu Abend essen, falls es Ihnen passt.*

8.8.3 Variationen

Neben den drei if-Satz-Typen sind auch bestimmte Variationen möglich.

Varianten des **if-Satzes Typ 1:**

- Neben der **will-Zukunft** kann jede andere Zukunftsform erscheinen.

- Im **if-Satz** selbst kann statt der einfachen Gegenwart die **-ing-Form der Gegenwart** (auch mit Zukunftsbedeutung) oder das **Present Perfect** stehen.

- Im Hauptsatz kann statt der **will-Zukunft** ein unvollständiges Hilfsverb erscheinen, das auch mit Verben in der **-ing-Form** bzw. im **Present Perfect** verbunden werden kann.

Variationen des **if-Satzes Typ 2:**

- Nach **I** oder **he/she/it** kann statt **was** der formellere Konjunktiv **were** stehen.

- Im Hauptsatz können statt **would** bestimmte unvollständige Hilfsverben erscheinen, die auch mit Verben in der **-ing-Form** bzw. im **Present Perfect** verbunden werden können.

- Bei **I/he/she/it** kann die Konstruktion **was/were to + Grundform des Verbs** bzw. bei **you/we/they** die Konstruktion **were to + Grundform des Verbs** stehen.

Variationen des **if-Satzes Typ 3**:

- Im Hauptsatz können statt **would have** bestimmte unvollständige Hilfsverben erscheinen **(may have, could have, ought to have, should have)**.

- Diese Verben können auch mit Verben in der **-ing-Form des Present Perfect** verbunden werden.

8.8.4 unless

Unless in einem Bedingungssatz bedeutet „außer wenn", „es sei denn", „erst dann" usw. und wird verwendet, um ein Ultimatum zu stellen:

I won't tell you **unless** you promise to keep it a secret. (= I won't tell you **if** you do**n't** promise to keep it a secret.)	*Ich sag's dir nicht, wenn du nicht versprichst, es geheim zu halten.*
Unless she is stricter with them, they'll never behave. (= **If** she is**n't** stricter with them, they'll never behave.)	*Wenn sie nicht strenger mit ihnen umgeht, werden sie sich nie benehmen.*

In Sätzen wie dem folgenden kann **if ... not** nicht durch **unless** ersetzt werden, weil **if ... not** nicht im Sinne von „außer wenn", „es sei denn" usw. gebraucht wird:

You would be able to hear me **if** the TV was**n't** on so loud.	*Du würdest mich besser verstehen, wenn der Fernseher nicht so laut aufgedreht wäre.*

8.9 Die unvollständigen Hilfsverben

Die unvollständigen Hilfsverben haben folgende Merkmale:

- Sie haben kein **-s** in der 3. Person Singular der einfachen Gegenwart.

Das Verb

- Sie verlangen bei Fragen und in der Verneinung keine Umschreibung mit **do**. Folgende Kurzformen sind in der Verneinung sehr gebräuchlich:

    can't für **cannot**, **couldn't** für **could not**, **shouldn't** für **should not** und **mustn't** für **must not**

- Sie werden mit einem Vollverb verbunden:

    He **can write** well.

- Sie können nicht in allen Zeitformen verwendet werden. Hier müssen andere Formulierungen mit ähnlicher Bedeutung herangezogen werden, z. B. **be able to, be allowed to, have to** usw.

Could, must, may und **might** werden mit **have + Past Participle** verbunden, um Vergangenes auszudrücken:

> She **should have gone** to the doctor.   *Sie hätte zum Arzt gehen sollen.*

Nur bei **Frageanhängseln** und **Kurzantworten** können unvollständige Hilfsverben allein stehen:

> – You can cook, **can't** you?   *– Du kannst doch kochen, oder?*
> – No, I **can't**.   *– Nein(, kann ich nicht).*

8.9.1 können

„Können" im Sinne von „fähig sein, etwas zu tun" wird wie folgt wiedergegeben:

- in der Gegenwart **can** bzw. in der Vergangenheit **could**

- in allen Zeiten die entsprechende Form von **be able to**

> He **could** swim when he was two.   *Er konnte mit zwei Jahren schwimmen.*
> Would you **be able to** help me?   *Würdest du mir wohl helfen können?*

Bei „können" im Sinne von „dürfen" verwendet man **can**:

> **Can** we have some chocolate?   *Können wir etwas Schokolade haben?*

- Wenn „können" eine Möglichkeit ausdrückt, verwendet man in der Gegenwart **might** oder **may**. Die Vergangenheitsform lautet **might have** bzw. **may have**.

Das Verb

- Im Deutschen wird **might** bzw. **may** oft durch „vielleicht" wiedergegeben:

    We **might** come on Sunday. — *Wir kommen vielleicht am Sonntag.*

    They **may** be on holiday. — *Möglicherweise sind sie in Urlaub.*

8.9.2 dürfen

- Bei Erlaubnis im Einzelfall übersetzt man „dürfen" mit **can** bzw. – bei besonders höflichen Bitten – mit **may.**

- Bei Verbot im Einzelfall übersetzt man „nicht dürfen" mit **can't.**

- Bei Erlaubnis/Verbot im allgemeinen verwendet man in der Gegenwart und in der indirekten Rede **(not) be allowed to**. Es wird auch in den Zeiten verwendet, in denen **can/may** nicht möglich sind.

    Can/May I come too? — *Darf ich auch mitkommen?*
    No, you **can't** borrow my car. — *Nein, du darfst mein Auto nicht ausleihen.*

    I'**m not allowed** to eat nuts. — *Ich darf keine Nüsse essen.*

- Wenn mit „nicht dürfen" ein Ratschlag oder eine Aufforderung ausgedrückt wird, verwendet man in der Gegenwart **shouldn't** oder – betonter – **mustn't**.

- Für die Vergangenheit („hätte(st) *usw.* nicht dürfen") verwendet man **shouldn't have**.

Vorsicht: **mustn't** heißt nicht „muss nicht"!

You **mustn't** be late. — *Du darfst nicht zu spät kommen.*
We **shouldn't have** told him. — *Wir hätten es ihm nicht sagen sollen.*

8.9.3 müssen

Wenn „müssen" eine sichere Annahme, hohe Wahrscheinlichkeit oder Überzeugung ausdrückt, verwendet man **must** in der Gegenwart bzw. **must have** in Bezug auf Vergangenes. Oft sagt man im Deutschen in solchen Fällen „sicherlich", „bestimmt" oder „wohl":

It **must** be here somewhere – I had it in my hand just now. — *Es muss hier irgendwo sein – gerade hatte ich es doch in der Hand.*

They **must have** forgotten it. — *Sie haben es sicherlich vergessen.*

Das Verb **8**

- Bei Verpflichtungen und Notwendigkeiten im Einzelfall verwendet man in der Gegenwart **must**, besonders wenn der Sprecher selbst etwas für notwendig hält.

- Bei allgemeinen bzw. regelmäßigen Verpflichtungen ist nur **have (got) to** möglich.

- In den anderen Zeiten wird die entsprechende Form von **have to** verwendet:

I **must** do some weeding in the garden.	Ich muss unbedingt im Garten Unkraut jäten.
You don't **have to** ring me up every day.	Sie müssen mich nicht jeden Tag anrufen.
He **had to** hand in his driving licence.	Er musste seinen Führerschein abgeben.

Die geläufigste Entsprechung von „nicht brauchen / müssen" ist **not have to.**

Nur wenn der Sprecher selbst etwas für nicht notwendig hält, kann man auch **needn't** verwenden.

They **don't have to / needn't** bring any food.	Sie brauchen kein Essen mitzubringen.
I **don't have to** go to work today.	Heute muss ich nicht in die Arbeit.

Die **Vergangenheitsformen** von **not have to** und **needn't** heißen **didn't have to** bzw. **didn't need to. Need** ist jedoch in dieser Form kein Hilfsverb, sondern ein Vollverb. Es wird ausgedrückt, dass eine Handlung in der Vergangenheit unnötig war – offen bleibt, ob sie ausgeführt wurde oder nicht:

She **didn't have to** pay for the children.	Sie brauchte für die Kinder nicht zu zahlen.
I **didn't need to** show my passport.	Ich brauchte meinen Pass nicht vorzuzeigen.

Needn't have + Past Participle drückt aus, dass eine bereits ausgeführte Handlung unnötig war:

He **needn't have prepared** dinner.	Er hätte das Abendessen nicht vorbereiten müssen.

Der **Konjunktiv** „müsste(n)" wird im Englischen mit **should** (Gegenwart) bzw. **should have** (Vergangenheit) ausgedrückt:

He **should** know – he wrote the book!	Er müsste es wissen – er hat doch das Buch geschrieben!
They **should have** been more careful.	Sie hätten vorsichtiger sein müssen.

8.9.4 sollen

Wenn mit „sollen" eine höfliche oder bestimmte Aufforderung, ein Vorschlag oder ein Appell ans Gewissen ausgedrückt wird, sagt man **should** oder **ought to** in der **Gegenwart** bzw. **should have / ought to have** in Bezug auf etwas **Vergangenes**:

> We **should / ought to** write a thank-you letter.
> *Wir sollten einen Dankesbrief schreiben.*
>
> I **should have** said something.
> *Ich hätte etwas sagen sollen.*

Wenn „sollen" ein Gerücht bzw. eine unbestätigte Behauptung wiedergibt, verwendet man die entsprechende Form von **be said to** oder **be supposed to**:

> Jim**'s supposed to** have given up his job.
> *Jim soll seine Arbeitsstelle aufgegeben haben.*
>
> More than a thousand people **are said to** be homeless.
> *Über tausend Leute sollen obdachlos sein.*

Wenn „sollen" eine Vereinbarung, eine Aufgabe, etwas Vorgesehenes o. ä. ausdrückt, sagt man **be supposed to** bzw. **be to**:

> You**'re supposed to** / You**'re to** be home by six.
> *Du sollst bis um sechs zu Hause sein.*

Wenn mit „sollte(n)" etwas über das noch einzutretende Schicksal ausgedrückt wird, sagt man **was to / were to**. Das, was beschrieben wird, ist inzwischen auch schon eingetreten:

> Two years later, they **were to be** divorced.
> *Zwei Jahre später sollten sie geschieden sein.*

8.10 Die -ing-Form als Gerundium und der Infinitiv

8.10.1 Die Bildung des Gerundiums

Das Gerundium ist mit der -ing-Form identisch: **running, sleeping, shopping**

Es wird zwischen dem aktiven und dem passiven Gerundium unterschieden:

Aktive Gegenwartsform: finding
(das) „Finden"

Passive Gegenwartsform: being found
(being + Past Participle)
(das) „Gefundenwerden"

Aktive Perfektform: having found
(having + Past Participle)
(das) „Gefundenhaben"

Passive Perfektform: having been found
(having been + Past Participle)
(das) „Gefundenwordensein"

8.10.2 Der Gebrauch der –ing-Form als Gerundium
Das Gerundium ist streng genommen kein Verb, sondern ein Substantiv, das aus einer Verbform gebildet wurde:

Swimming will get you fit. *Das Schwimmen wird dich fit machen.*

I can't stand her **boasting**. *Ich kann ihre Angeberei nicht leiden.*

8.10.3 Die –ing-Form als Gerundium nach Verben
Eine Reihe von Verben wird mit der -ing-Form und nicht mit dem Infinitiv – wie im Deutschen – verbunden. Hier einige der wichtigsten:

enjoy doing s.th.	*es genießen, etw. zu tun*
feel like doing s.th.	*Lust haben, etw. zu tun*
fancy doing s.th.	*Lust haben, etw. zu tun*
dislike doing s.th.	*es nicht mögen, etw. zu tun*
mind doing s.th.	*etw. dagegen haben, etw. zu tun*
miss doing s.th.	*(es) vermissen, etw. zu tun*
suggest doing s.th.	*vorschlagen, etw. zu tun*
practise doing s.th.	*etw. üben*
risk doing s.th.	*riskieren, etw. zu tun*
admit doing s.th.	*zugeben, etw. getan zu haben*
deny doing s.th.	*leugnen, etw. getan zu haben*
consider doing s.th.	*erwägen/daran denken, etw. zu tun*
think of doing s.th.	*erwägen/daran denken, etw. zu tun*
carry on doing s.th.	*fortfahren, etw. zu tun*
keep (on) doing s.th.	*nicht aufhören, etw. zu tun*
finish doing s.th.	*mit etw. fertig werden, etw. abschließen*
delay doing s.th.	*etw. verschieben/aufschieben*
postpone doing s.th.	*etw. verschieben*
avoid doing s.th.	*es vermeiden, etw. zu tun*
prevent s.o. from doing s.th.	*verhindern, dass jmd. etw. tut*
imagine doing s.th.	*sich vorstellen, etw. zu tun*
appreciate s.o. doing s.th	*es zu schätzen wissen, dass jmd. etw. tut*
it involves doing s.th.	*es beinhaltet, etw. zu tun*
it means doing s.th.	*es bedeutet, etw. zu tun*

excuse s.o. doing s.th.	*entschuldigen, dass jmd. etw. tut*
I (usw.) **can't help doing s.th.**	*ich (usw.) kann nichts dafür, dass ich etw. tue*
s.th. needs doing	*etwas muss getan werden*

8.10.4 Die -ing-Form als Gerundium nach Konjunktionen

Wenn eine Verbform auf eine Konjunktion folgt, steht sie in der **-ing-Form.** Dies gilt z. B. für folgende Konjunktionen:

before	*bevor; vor*	**instead of**	*(an)statt*
after	*nach(dem)*	**in spite of / despite**	*trotz; obwohl*
by	*indem; dadurch, dass*	**on**	*bei; als*
besides	*abgesehen davon, dass*	**without**	*ohne*

He had a shower **before jumping** into the pool.
Despite breaking both legs, she took up skiing again.

Er duschte sich, bevor er ins Schwimmbecken sprang.
Obwohl sie sich beide Beine gebrochen hatte, nahm sie das Skifahren wieder auf.

8.10.5 Die -ing-Form als Gerundium nach Präpositionen

Steht eine Verbform unmittelbar nach einer Präposition, erscheint das Verb im Gerundium:

There's no chance **of finding** him.
He has difficulty **in understanding** you.

Es gibt keine Chance, ihn zu finden.
Er hat Schwierigkeiten, dich zu verstehen.

Diese Konstruktion gilt u. a. bei folgenden Ausdrücken:

Substantiv + Präposition	
in the hope of doing s.th.	*in der Hoffnung, zu*
be in danger of doing s.th.	*Gefahr laufen, zu*
have difficulty in doing s.th.	*sich schwer tun, zu*
run the risk of doing s.th.	*riskieren, zu*
live in fear of doing s.th.	*in der Angst leben, zu*

Das Verb **8**

Adjektiv + Präposition

be good/bad at doing s.th.	*gut/schlecht sein in*
be (in)capable of doing s.th.	*(un)fähig sein, etw. zu tun*
be interested in doing s.th.	*daran interessiert sein, etw. zu tun*
be tired of doing s.th.	*es satt haben, etw. zu tun*

Verb + Präposition

believe in doing s.th.	*glauben an*
think of doing s.th.	*daran denken, zu*
dream of doing s.th.	*davon träumen, zu*
succeed in doing s.th.	*es schaffen, zu*
insist on doing s.th.	*darauf bestehen, zu/dass*
talk about doing s.th.	*davon reden, dass man etw. tun will*
worry about doing s.th.	*sich darüber Sorgen machen, dass man etw. tun muss*

8.10.6 Das Gerundium nach der Präposition to

Nach einer Reihe von Ausdrücken mit **to** steht kein Infinitiv, sondern die **-ing-Form**. Dazu gehören folgende:

be used to doing s.th., **be accustomed to doing s.th.**	*gewohnt sein, etw. zu tun*
get used to doing s.th., **get accustomed to doing s.th.**	*sich daran gewöhnen, etw. zu tun*
look forward to doing s.th.	*sich darauf freuen, etw. zu tun*
object to doing s.th.	*dagegen sein, dass etw. getan wird*

8.10.7 used to

Dieser Ausdruck hat zwei ganz unterschiedliche Bedeutungen.

used to + Infinitiv = früher ...

    I **used to work** every day.   *Früher arbeitete ich jeden Tag.*

- Es erscheint nur in der Vergangenheit.

- Es bezieht sich auf wiederholte bzw. gewohnheitsmäßige Handlungen oder länger andauernde Zustände.

Das Verb

- Für die verneinte Form gibt es zwei Möglichkeiten:

  I **didn't use(d) to** work.
  bzw.
  I **never used to** work. *Früher habe ich nicht gearbeitet.*

be used to + -ing-Form = (es) gewohnt sein zu
get used to + -ing-Form = sich daran gewöhnen zu

  We **were used to eating** fish. *Wir waren es gewohnt, Fisch zu essen.*

  I'**ll get used to living** on my own. *Ich werde mich daran gewöhnen, allein zu leben.*

- Sie können in jeder Zeitform erscheinen.

8.10.8 Verben, die mit der -ing-Form und dem Infinitiv verbunden werden

Es gibt eine Reihe von Verben, die sowohl mit dem **Infinitiv** als auch mit der **-ing-Form** verbunden werden und dabei ganz unterschiedliche Bedeutungen haben. Zu den wichtigsten gehören:

-ing-Form	Infinitiv
go on doing s.th. *etw. weiterhin tun; mit etw. fortfahren*	**go on to do s.th.** *etw. (Neues/Weiteres) tun/sagen usw.*
remember doing s.th. *sich daran erinnern, etw. getan/erlebt zu haben*	**remember to do s.th.** *daran denken / nicht vergessen, etw. zu tun*
never forget doing s.th. *nie vergessen, wie …*	**forget to do s.th.** *vergessen, etw. zu tun*
stop doing s.th. *aufhören, etw. zu tun; mit etw. aufhören*	**stop to do s.th.** *anhalten/innehalten, um etw. (anderes/Neues) zu tun*
try doing s.th. *es mit etw. versuchen; etw. ausprobieren*	**try to do s.th.** *versuchen / sich bemühen, etw. zu tun*

8.10.9 Die –ing-Form als Gerundium in festen Redewendungen

Es gibt eine Reihe von Redewendungen, auf die die **–ing-Form** folgt. Zu den wichtigsten gehören folgende:

it's no use/good –ing, **there's no point in –ing**	es hat keinen Sinn, zu
it's (good) fun –ing	es macht Spaß, zu
it's bad enough –ing	es ist schlimm genug, zu
I usw. can't help –ing	ich usw. kann nichts dafür, dass ich ...
I usw. can't stand –ing	ich usw. kann es nicht ausstehen, zu
I usw. don't mind –ing	ich usw. habe nichts dagegen zu/, wenn ich ...
be busy –ing	damit beschäftigt sein zu
it's worth(while) –ing	es lohnt sich zu
spend one's time –ing	seine Zeit damit verbringen, zu
thanks / thank you for –ing	vielen Dank dafür, dass du/Sie ...

9 Die Relativpronomen, unbestimmten Pronomen und Fragewörter

9.1 Die Relativpronomen

9.1.1 Die Bildung der Relativpronomen

Die Relativpronomen lauten wie folgt:

bei Personen:	bei Dingen:
who, that	that, which
who, whom, that	that, which
whose	whose

9.1.2 Der Gebrauch der Relativpronomen

- Im **Nominativ** oder Subjektfall (Frage: „wer?", „was?") verwendet man bei Personen **who** oder **that** und bei Dingen **that** oder **which**.

- Bei **Tieren** verwendet man **that** oder **which,** bei emotionaler Beziehung zum Tier auch **who**.

> The man **who/that** rang up was my father.
> The computer **that/which** you ordered has arrived.

> *Der Mann, der anrief, war mein Vater.*
> *Der Computer, den Sie bestellt haben, ist angekommen.*

- Im **Akkusativ** oder Objektfall (Frage: „wen?", „was?") verwendet man bei Personen **that/who** (seltener **whom**) und bei Dingen **that/which**.

- Bei **Tieren** verwendet man **that/which,** bei emotionaler Beziehung auch **who/ whom**.

> The teacher **that/who/whom** you don't like is my wife.
> The perfume **that/which** you're wearing is very strong.

> *Die Lehrerin, die Sie nicht mögen, ist meine Frau.*
> *Das Parfüm, das du hast, riecht sehr stark.*

- Im **Genitiv** (Frage: „wessen?") verwendet man bei Personen und Dingen **whose** („dessen"/„deren").

> The building **whose** roof collapsed has been demolished.

> *Das Gebäude, dessen Dach eingestürzt ist, ist abgerissen worden.*

- Statt eines **Dativs** (Frage: „wem?", „was?") wird eine Verbindung mit einer Präposition (**to, for, with** usw.) verwendet. Im Gegensatz zum Deutschen steht die Präposition meistens hinter dem Verb bzw. Partizip.

Die Relativpronomen

- Das Relativpronomen lautet bei Personen **that/who** (gelegentlich **whom**) und bei Dingen **that/which**.

- Erscheint vor dem Relativpronomen eine Präposition, verwendet man nicht **that**, sondern bei Menschen **whom (for/with/by whom** usw.) und bei Dingen **which (under, on, through which** usw.).

9.1.3 Entbehrliche und unentbehrliche Relativsätze

Entbehrliche Relativsätze erscheinen zwischen Kommas und können herausgenommen werden, ohne den Sinn des Hauptsatzes zu entstellen:

His brother, who is a millionaire, works for Microsoft. — *Sein Bruder, der Millionär ist, arbeitet für Microsoft.*

Ohne den entbehrlichen Relativsatz (zwischen den Kommas) würde der Satz so lauten:

His brother works for Microsoft. — *Sein Bruder arbeitet für Microsoft.*

Die Grundaussage bleibt also gleich. Was im Relativsatz erscheint, ist eine Zusatzinformation, die für den Rest des Satzes nicht unbedingt notwendig ist.

Unentbehrliche Relativsätze erscheinen ohne Kommas und sind für den Sinn des Gesamtsatzes zwingend notwendig. Man kann sie nicht entfernen, ohne den Sinn der Gesamtaussage zu entstellen.

Wenn man im Deutschen „derjenige/diejenige" usw. sagen könnte, handelt es sich um einen solchen unentbehrlichen Relativsatz:

Babies who scream get on my nerves. — *Babys, die schreien, gehen mir auf die Nerven.*

Würde man hier den Relativsatz wegnehmen, bliebe folgende Aussage:

Babies get on my nerves. — *Babys gehen mir auf die Nerven.*

Das wäre sicherlich ein unbeabsichtigtes Pauschalurteil.

Bei **unentbehrlichen Relativsätzen** kann man das Relativpronomen **that, who** oder **which** weglassen, wenn es Objekt des Relativsatzes ist. Das erkennt man daran, dass ein Substantiv bzw. ein Pronomen auf das Relativpronomen folgt:

The shop (that/which) I'm talking about is in a side road. — *Das Geschäft, von dem ich rede, ist in einer Seitenstraße.*
The girl (that/who) you just saw is an actress. — *Das Mädchen, das du gerade gesehen hast, ist Schauspielerin.*

9.1.4 Das deutsche „(das,) was" usw. in Relativsätzen

Das deutsche „was" als Zusammenfassung eines ganzen Satzteils wird im Englischen durch **which** wiedergegeben:

> He snores in his sleep, **which** always wakes me up.
> *Er schnarcht im Schlaf, was mich immer aufweckt.*

„Das, was" bzw. „was" wird durch das Relativpronomen **what** (nicht **that what**) wiedergegeben.

> I don't know **what** you mean.
> *Ich weiß nicht, was du meinst.*
> It's **what** you asked for.
> *Es ist das, was Sie verlangt haben.*

Bei „alles, was/das", „etwas, was/das", „irgend etwas, was/das" usw. lautet das englische Relativpronomen **that**. Oft wird es jedoch weggelassen:

> There's something (that) you ought to know.
> *Es gibt etwas, das du wissen solltest.*
> Is this all (that) you bought?
> *Ist das alles, was du gekauft hast?*
> There's nothing (that) he can eat at the moment.
> *Es gibt nichts, was er momentan essen kann.*

9.2 Die unbestimmten Pronomen (some, any, much, many usw.)

9.2.1 some/any

Some gebraucht man meistens:

- bei positiven Aussagen

- in Fragen, bei denen eine positive Antwort erhofft wird

- in höflichen Aufforderungen oder Anfragen

- in der Bedeutung „irgendein(e, -es)" usw.

> He's got **some** relatives staying.
> *Er hat einige Verwandte zu Besuch.*
> Have you got **some** time?
> *Hast du etwas Zeit?*
> Take **some** strawberries with you.
> *Nehmen Sie doch ein paar Erdbeeren mit!*
>
> There must be **some** reason for it.
> *Es muss doch irgendeinen Grund dafür geben.*

Die unbestimmten Pronomen

Any gebraucht man meistens:

- in verneinten Sätzen, auch mit Wörtern wie **never, hardly, rarely, without** usw.

- in Fragen, wenn man sich über die Antwort unsicher ist bzw. eine negative Antwort erwartet

- in der Bedeutung „jede(r, -s) (beliebige)", „irgendein(e, -es)", „irgendwelche(r, -s)".

He hasn't got **any** money.	*Er hat kein Geld.*
I've **never** tried **any** Japanese food.	*Ich habe noch nie japanisches Essen gekostet.*
Has she got **any** friends?	*Hat sie irgendwelche Freunde?*

Die Zusammensetzungen mit **some** und **any** (somebody/anybody, someone/anyone; something/anything; somewhere/anywhere) verhalten sich ähnlich wie **some** und **any**:

I need **something** to wear to the wedding – **anything**.	*Ich brauche etwas, das ich auf der Hochzeit tragen kann – irgendetwas.*

9.2.2 a lot of / lots of, much, many

- **A lot of** bzw. **lots of** („viel", „viele") werden in normalen Aussagesätzen und in negativen Sätzen sowie in Fragen benutzt, jedoch nicht nach **very, so, that, too, as** und **how.**

- **Of** entfällt, wenn kein Substantiv folgt.

There are **lots of books** for you to read.	*Es gibt viele Bücher für dich zum Lesen.*
I eat **a lot of ice cream**.	*Ich esse viel Eis.*
He walks **a lot**.	*Er läuft viel.*

Much („viel") wird verwendet:

- in verneinten Sätzen

- in Fragen

- nach **very, so, that, too, as** und **how**

- mit einem nachfolgenden, nicht zählbaren Substantiv.

71

Die unbestimmten Pronomen

There isn't **much** to do.	*Es gibt nicht viel zu tun.*
Do you travel **much**?	*Reisen Sie viel?*
He drinks **too much**.	*Er trinkt zu viel.*

Many („viele") wird nur bei zählbaren Gegenständen verwendet, und zwar:

- in verneinten Sätzen
- in Fragen
- nach **very, so, that, too, as** und **how**.

She hasn't got **many** clothes.	*Sie hat nicht viele Kleider.*
Are there **many** shops in your area?	*Gibt es in deiner Gegend viele Geschäfte?*
I've been to **so many** concerts this week.	*Ich bin diese Woche auf so vielen Konzerten gewesen.*

In normalen Aussagesätzen klingen **much** und **many** ohne Qualifizierung durch **so, very** usw. etwas förmlich, weshalb in der Umgangssprache **a lot (of) / lots of** bevorzugt werden.

9.2.3 a few / a little / a bit of; few/little

- **a few** („einige", „ein paar") wird nur bei Personen oder zählbaren Gegenständen gebraucht

- **a bit of / a little** („ein bisschen", „etwas") werden gebraucht, wenn es sich um etwas nicht Zählbares handelt, wobei **a bit of** umgangssprachlicher klingt

- **a bit** alleinstehend bzw. von einem Adjektiv gefolgt entspricht „etwas", „ein bisschen"

They've got **a few** trees in their garden.	*Sie haben ein paar Bäume im Garten.*
Just **a little** sauce, thanks.	*Nur ein wenig Soße, danke.*
Would you like **a bit**?	*Möchten Sie etwas?*
I'm **a bit** tired.	*Ich bin ein bisschen müde.*

- **a few** („(nur) wenige") wird bei Personen oder zählbaren Gegenständen gebraucht

- **little** („wenig", „kaum ein(e)" usw.) wird gebraucht, wenn es sich um etwas nicht Zählbares handelt (meistens bei abstrakten Begriffen)

Few athletes have managed that.	*Wenige Sportler haben das erreicht.*
There's **little chance** of getting tickets.	*Es gibt kaum eine Chance, Karten zu bekommen.*

9.3 Die Fragewörter
9.3.1 Die Form der Fragewörter

how ...?	wie ...?	who ...?	wer ...?
what ...?	was ...?	who(m) ...?	wen/wem ...?
when ...?	wann ...?	whose ...?	wessen ...?
where ...?	wo ...?	why ...?	warum ...?
which ...?	welche(r, -s)?		

9.3.2 who/whom
Who ist die gebräuchlichste Objektform im gesprochenen Englisch. Es fungiert sowohl als direktes („wen?") als auch als indirektes Objekt („wem?").
Das ungebräuchlichere **whom** wird in folgenden Fällen benutzt:

- bei förmlicher Ausdrucksweise

- wenn dem Fragewort eine Präposition **(to, with, for** usw.) vorangeht

Who did you see?	*Wen hast du gesehen?*
Who does he send them **to**?	*Wem schickt er sie?*
Whom shall I address?	*Wen soll ich bitte anreden?*

9.3.3 what/which + Substantiv
- **What + Substantiv** leitet eine allgemeine Frage ein.

- Mit **which + Substantiv** fragt man nach einer Person/Sache aus einer bestimmten Gruppe, Reihe o. ä. in einer bestimmten Situation.

What bus do you take?	*Mit welchem Bus fahren Sie?*
Which bus was he in?	*In welchem Bus war er?*

10 Zahlen
10.1 Grundzahlen

1	one	30	thirty
2	two	40	forty
3	three	50	fifty
4	four	60	sixty
5	five	70	seventy
6	six	80	eighty
7	seven	90	ninety
8	eight	100	a/one hundred
9	nine	101	a/one hundred and one
10	ten	143	a/one hundred and forty-three
11	eleven	200	two hundred
12	twelve	1,000	a/one thousand
13	thirteen	1,310	one thousand three hundred and ten
14	fourteen	2,000	two thousand
15	fifteen	100,000	a/one hundred thousand
16	sixteen	1,000,000	a/one million
17	seventeen	1,000,000,000	a/one billion
18	eighteen		
19	nineteen		
20	twenty		
21	twenty-one		
22	twenty-two		
23	twenty-three		
24	twenty-four usw.		

Null wird wie folgt ausgedrückt:

0   beim Rechnen: **nought** [nɔːt], **zero** [ˈzɪərəʊ, Am. ˈziːrəʊ]

0   beim Sport: **nil,** Am. **zero;** Tennis: **love**

0   in Telefonnummern: **O** [əʊ], Am. **zero**

9.2 Zeichen und Schriftbild
Bei Zahlen ab 1.000 steht im Englischen für den deutschen Punkt immer ein Komma:

5,643   10,235,459

Bei Dezimalzahlen steht im Englischen für das deutsche Komma immer ein Punkt:

8.4 (eight point four = *acht Komma vier*)
0.71 (nought point seven one = *null Komma sieben eins*)

- **1** wird ohne Haken geschrieben

- **7** wird meistens ohne Querstrich geschrieben

- Beachten Sie die Schreibweise von **4** und **14 (four, fourteen)** im Gegensatz zu **40 (forty)**

10.3 Ordnungszahlen

1st	first	21st	twenty-first
2nd	second	22nd	twenty-second
3rd	third	23rd	twenty-third
4th	fourth	24th	twenty-fourth usw.
5th	fifth	30th	thirtieth
6th	sixth	40th	fortieth
7th	seventh	50th	fiftieth
8th	eighth	60th	sixtieth
9th	ninth	70th	seventieth
10th	tenth	80th	eightieth
11th	eleventh	90th	ninetieth
12th	twelfth	100th	(one) hundredth
13th	thirteenth	101st	(one) hundred and first
14th	fourteenth	102nd	(one) hundred and second
15th	fifteenth	157th	(one) hundred and fifty-seventh
16th	sixteenth	200th	two hundredth
17th	seventeenth	1,000th	(one) thousandth
18th	eighteenth	2,461st	two thousand four hundred and sixty-first
19th	nineteenth		
20th	twentieth	1,000,000th	(one) millionth

11 Die wichtigsten unregelmäßigen Verben

Infinitiv	Vergangenheits-partizip	einfache Vergangenheit	Übersetzung
be	has/have been	was	*sein*
beat	has/have beaten	beat	*schlagen*
become	has/have become	became	*werden*
begin	has/have begun	began	*anfangen*
bite	has/have bitten	bit	*beißen*
blow	has/have blown	blew	*blasen*
break	has/have broken	broke	*kaputtmachen*
bring	has/have brought	brought	*bringen*
build	has/have built	built	*bauen*
burst	has/have burst	burst	*platzen*
buy	has/have bought	bought	*kaufen*
catch	has/have caught	caught	*fangen*
choose	has/have chosen	chose	*wählen*
come	has/have come	came	*kommen*
cost	has/have cost	cost	*kosten*
cut	has/have cut	cut	*schneiden*
dig	has/have dug	dug	*graben*
draw	has/have drawn	drew	*zeichnen*
do	has/have done	did	*tun*
drink	has/have drunk	drank	*trinken*
drive	has/have driven	drove	*fahren*
eat	has/have eaten	ate	*essen*
fall	has/have fallen	fell	*fallen*
feed	has/have fed	fed	*füttern*
feel	has/have felt	felt	*fühlen*
fight	has/have fought	fought	*kämpfen*
find	has/have found	found	*finden*
fly	has/have flown	flew	*fliegen*
forget	has/have forgotten	forgot	*vergessen*
freeze	has/have frozen	froze	*(ge)frieren*
get	has/have got	got	*bekommen, holen*
give	has/have given	gave	*geben*
go	has/have gone	went	*gehen*
hang	has/have hung	hung	*hängen*
have	has/have had	had	*haben*
hear	has/have heard	heard	*hören*
hide	has/have hidden	hid	*(sich) verstecken*
hit	has/have hit	hit	*schlagen*
hold	has/have held	held	*halten*
hurt	has/have hurt	hurt	*weh tun*
keep	has/have kept	kept	*behalten*
know	has/have known	knew	*kennen; wissen*
lay	has/have laid	laid	*legen*

Die wichtigsten unregelmäßigen Verben

lead	has/have led	led	*führen*
learn	has/have learnt	learnt	*lernen*
leave	has/have left	left	*gehen; lassen*
lend	has/have lent	lent	*ausleihen*
let	has/have let	let	*lassen*
lie	has/have lain	lay	*legen*
lose	has/have lost	lost	*verlieren*
make	has/have made	made	*machen*
mean	has/have meant	meant	*bedeuten*
meet	has/have met	met	*treffen; kennen lernen*
pay	has/have paid	paid	*bezahlen*
put	has/have put	put	*hintun; setzen; stecken*
read	has/have read	read	*lesen*
ride	has/have ridden	rode	*reiten; fahren*
ring	has/have rung	rang	*anrufen*
run	has/have run	ran	*laufen, rennen*
say	has/have said	said	*sagen*
see	has/have seen	saw	*sehen*
sell	has/have sold	sold	*verkaufen*
send	has/have sent	sent	*schicken*
set	has/have set	set	*setzen; stellen*
shake	has/have shaken	shook	*schütteln*
shine	has/have shone	shone	*scheinen*
shoot	has/have shot	shot	*schießen*
show	has/have shown	showed	*zeigen*
shut	has/have shut	shut	*zumachen*
sing	has/have sung	sang	*singen*
sit	has/have sat	sat	*sitzen; sich setzen*
sleep	has/have slept	slept	*schlafen*
smell	has/have smelt	smelt	*riechen*
speak	has/have spoken	spoke	*sprechen*
spend	has/have spent	spent	*ausgeben*
spread	has/have spread	spread	*sich verbreiten*
stand	has/have stood	stood	*stehen*
steal	has/have stolen	stole	*stehlen*
sting	has/have stung	stung	*stechen*
swim	has/have swum	swam	*schwimmen*
take	has/have taken	took	*nehmen*
teach	has/have taught	taught	*unterrichten*
tear	has/have torn	tore	*zerreißen*
tell	has/have told	told	*sagen, erzählen*
think	has/have thought	thought	*denken; meinen*
throw	has/have thrown	threw	*werfen, schmeißen*
understand	has/have understood	understood	*verstehen*
wake	has/have woken	woke	*aufwachen; wecken*
wear	has/have worn	wore	*tragen*
win	has/have won	won	*gewinnen*
write	has/have written	wrote	*schreiben*

Die grammatischen Fachausdrücke und ihre deutschen und englischen Entsprechungen

Adjektiv (*adjective*) = Eigenschaftswort: das *braune* Kleid
adjektivisch (*adjectival*) = als Eigenschaftswort gebraucht
Adverb (*adverb*) = Umstandswort: Es wird *spät*.
adverbial (*adverbial*) = als Umstandswort gebraucht
Akkusativ (*accusative*) = 4. Fall, Wenfall: Er pflückt *den Apfel*.
Aktiv (*active voice*) = Tätigkeitsform: Der Mann *schlägt* den Hund.
Akzent (*stress mark*) = Betonungszeichen (´), (`), (ˆ)
Apposition (*apposition*) = Beisatz: Der Mann, *ein Freund meines Vaters*, hat sich geirrt.
Artikel (*article*) = Geschlechtswort: der, die, das, ein, eine, ein
Attribut (*attribute*) = Beifügung, Eigenschaft: Der *alte* Mann hat es nicht leicht.

Dativ (*dative*) = 3. Fall, Wemfall: Die Frau kommt aus *dem Garten*.
Deklination (*declension*) = Beugung des Hauptworts: Nominativ – der Vater, Genitiv – des Vaters, Dativ – dem Vater, Akkusativ – den Vater
deklinieren (*decline*) = beugen
Demonstrativpronomen (*demonstrative pronoun*) = hinweisendes Fürwort: dieser, jener
Determinativpronomen (*determinative pronoun*) = bestimmendes Fürwort: derjenige ...
Diphthong (*diphthong*) = Zwielaut: ei in mein

Futur (*future*) = Zukunft(sform): Ich *werde fragen*.

Genitiv (*genitive*) = 2. Fall, Wesfall: der Freund *des Vaters*
Gerundium (*gerund*) = der deutschen als Hauptwort gebrauchten Grundform des Zeitworts entsprechende *-ing*-Form: *Swimming is healthy.* (Das) Schwimmen ist gesund.

Imperativ (*imperative*) = Befehlsform: Geh!, Gehen Sie!
indefinitives Pronomen (*indefinite pronoun*) = unbestimmtes Fürwort: jemand, etwas
Indikativ (*indicative*) = Wirklichkeitsform: Er *geht* nicht fort:
Infinitiv (*infinitive*) = Nennform, Grundform: backen, biegen
Interpunktion (*punctuation*) = Zeichensetzung
Interrogativpronomen (*interrogative pronoun*) = Fragefürwort: wer, wessen, wem, wen

Kardinalzahlen (*cardinal numbers*) = Grundzahlen: eins, zwei, drei
Kasus (*case*) = Fall: 2. Fall – Genitiv
Komparativ (*comparative degree*) = Höherstufe (1. Steigerungsstufe): schöner, größer
Konditional (*conditional*) = Bedingungsform: *Wenn* schönes Wetter *wäre*, ...
Konjugation (*conjugation*) = Abwandlung (Beugung) eines Zeitwortes: Infinitiv – gehen, Präsens – ich gehe
konjugieren (*conjugate*) = abwandeln (beugen)